CARTAS A UM VELHO TERAPEUTA

A EXPERIÊNCIA DE UMA PSICANÁLISE NÃO IDENTITÁRIA

Cartas a um velho terapeuta:
A experiência de uma psicanálise não identitária
Thais Klein e Érico Andrade

ISBN 978-65-6119-052-7

Embora adote a maioria dos usos editoriais do âmbito brasileiro, a n-1 edições não segue necessariamente as convenções das instituições normativas, pois considera a edição um trabalho de criação que deve interagir com a pluralidade de linguagens e a especificidade de cada obra publicada.

Editores gerais
Peter Pál Pelbart e Ricardo Muniz Fernandes

Direção de arte
Ricardo Muniz Fernandes

Coordenação editorial
Gabriel de Godoy

Assistência editorial
Inês Mendonça

Preparação
Fernanda Mello

Revisão
Gabriel Rath Kolyniak

Projeto gráfico e capa
Juliana Cornacchioni

1ª edição | Agosto, 2025
n-1edicoes.org

CARTAS A UM VELHO TERAPEUTA

A EXPERIÊNCIA DE UMA PSICANÁLISE NÃO IDENTITÁRIA

n-1 edições

Thais Klein e Érico Andrade

Para todas aquelas pessoas que
nos confiam a escuta e tornam a
psicanálise uma experiência coletiva.

SUMÁRIO

AGRADECIMENTOS

Agradecemos ao CNPQ pelo financiamento público de nossa pesquisa e aos coletivos de psicanálise no Brasil, nas figuras de Tainá Aroca e Rosimeire Bussola, que generosamente fizeram o posfácio do nosso livro com força e precisão. Um agradecimento muito especial a Jurandir Freire Costa, que nos brindou com um prefácio capaz de tocar em pontos centrais de nossa obra.

PREFÁCIO

POR UMA PSICANÁLISE A CÉU ABERTO

Jurandir Freire Costa

Há cerca de vinte anos, Contardo Calligaris escreveu *Cartas a um jovem terapeuta*, livro que trata da clínica psicanalítica com a simplicidade de quem sabe o que diz. O cerne da reflexão é claro e direto: "na hora de encaminhar alguém, prefiro os analistas cuja curiosidade para com o mundo, a vida e a cultura se estendam além das quatro paredes do consultório".[1]

O recado reverberou além do que Contardo poderia imaginar. Thais Klein e Érico Andrade parecem tê-lo compreendido perfeitamente bem e adicionaram um degrau à exploração da ideia. *Cartas ao velho terapeuta: a experiência de uma psicanálise não identitária* é um convite para que o "velho", isto é, o rotineiro, opte por continuar "jovem", ou seja, aberto ao que está "além das quatro paredes do consultório". Mas, desta vez, com um olhar mediado por novas lentes.

1 Contardo Calligaris, *Cartas a um jovem terapeuta*: reflexões para psicoterapeutas, aspirantes e curiosas. 2. ed. rev. e ampl. com novas cartas. São Paulo: Planeta. 2019, p. 81.

O trabalho se organiza em torno de certos eixos, entre os quais destaco: a) o indivíduo; b) o corpo; c) o analista coletivo; e d) a clínica de rua.

Começo pelo indivíduo. Thais e Érico dizem que a psicanálise está marcada pela metafísica do "indivíduo" de origem europeia, concebido como uma entidade etérea, universal, flutuando no céu das ideias puras. Visto em retrospectiva, apresenta-se como uma fotografia teórica da imagem ideal que o europeu branco e colonizador concebeu de si mesmo.

Apesar de ter avançado na desconstrução desta ontologia adâmica do indivíduo, Freud permaneceu atado a alguns de seus aspectos, notadamente a descorporificação e a desmundanização. A criatura filosófica não era apenas a reprodução narcísica vaporosa do branco europeu, mas também o marcador da ruptura entre o sujeito e seu corpo; o sujeito e seu contexto mundano. Os pós-freudianos, por seu turno, com raras exceções, não se deram conta do equívoco. Na maioria, reforçaram o mito, ao enfatizarem a concepção idealista/racionalista da "representação" e da "linguagem" como elementos genéticos fundamentais dos processos de subjetivação. A figura do individualismo aquisitivo/possessivo/utilitário, nascida dessa lenda intelectual, fagocitou o sujeito psicanalítico freudiano, desde então associado à relação do analista na poltrona com o analisando no divã. O esquema conceitual do indivíduo que fala de si a outro indivíduo resultou, por um lado, no estereótipo do analista privado que analisa um sujeito privado em um consultório privado; por outro, na desvalorização do corpo e do mundo como fatores sem os quais não existe sujeito da psicanálise.

No que concerne ao corpo, o estudo recorre, de modo discreto, mas determinante, à herança fenomenológica. Thais e Érico afirmam que o corpo do analisando e do analista não são apenas contêineres de ideias, afetos ou desejos vindos de outros sujeitos ou de pulsões nascidas em outros sítios tópicos do "sujeito-indivíduo". Na mais castiça tradição psicanalítica, o corpo é inquestionavelmente considerado como fonte, meio e suporte da pulsão sexual. Sua importância prática e teórica, dessa perspectiva, não é contestada. No entanto, além disso, insistem Thais e Érico, é igualmente um centro atrator e gerador de ações indeterminadas e imprevisíveis em constante interação com outros corpos no mundo. Menosprezar ou calar a expressividade corpórea significa retirar do sujeito a possibilidade ímpar de prospectar o entorno e criar laços significativos inéditos com as crenças, desejos, aspirações e demais atos mundanizados que ele poderá vir a produzir. O corpo encolhido, intimidado, é produto do hábito cultural que o colocou no nível inferior da hierarquia ôntica criada pela colonização cultural do capitalismo patriarcal e racista.

Desse aspecto, o texto acena para uma vertente de investigação psicanalítica relevante. Para efeitos de exposição, vou retomar a discussão levantada por Tales Ab'Sáber em *O soldado antropofágico*.[2] Nesse livro, evocando a noção de "ideias fora do lugar", cunhada por Roberto Schwartz para designar o monstrengo ideológico do "liberal-escravagismo", Tales inverte a expressão e fala de "lugar fora das ideias". A intenção era a de apontar para o fato de que, historicamente, o lugar do povo jamais foi representado na importância que teve para a construção da peculiaridade cultural brasileira. Sob o domínio da plutocracia escravocrata e neoescravocrata, a caricatura europeizante do Brasil veio a ter outras versões, mas apenas em momentos luminosos o papel do povo na cultura virá a ser revelado. Foi assim

2 Tales Ab'Sáber, *O soldado antropofágico*. São Paulo: n-1, Hedra, 2023.

no "brás-cubismo" de Machado, no abolicionismo, no modernismo de 1922, no tropicalismo e em outros escassos eventos do gênero.

De forma similar, penso que Thais e Érico mostram o destino dado ao corpo no imaginário individualista nacional. Nossa psicanálise teria se deixado seduzir por essa contrafação ideológica. Em função disso, não teria percebido que, malgrado o esforço desmiolado para europeizar nossas identidades, na cultura brasileira persistiu uma concepção e uma experiência holística de sujeito, nas quais o corpo tem uma representação à altura de sua particularidade histórico-cultural. Nos rituais espirituais e nos traços mais gerais do legado afro-brasileiro ou dos povos originários, o corpo reaparece em todo seu poder ativo e expressivo. É esta expressividade que Thais e Érico pretendem realçar, ao mostrar sua riqueza semiótica. Exemplos dessa eloquência comunicativa são descritos, de forma a convencer o leitor do potencial analítico inscrito na corporeidade do sujeito. Danças, jogos, ritos de diversas ordens, formas de mimetizar lutas, modos de falar e de relacionar o visível e o invisível, tudo isso forma uma gramática comunicativa na qual a ideia do individuo-mônada-descorporificado inexiste, porquanto sem referente vivido e pensado.

O fato nos leva inclusive a perguntar se na realidade somos tão europeizados corporalmente quanto imaginamos, ou se esta é mais uma extravagância imaginária de nossa colonização cultural. Talvez, na trilha de Thais e Érico, devêssemos estar mais atentos ao que é próprio a nossas interações corpóreas, pois o autoengano, nesta matéria, é tão possível quanto em qualquer outra. Quem sabe nos habituamos a legendar o efetivo desempenho de nossos corpos com a descrição de um corpo imaginário que não é o nosso e que não corresponde ao que sentimos, pensamos ou realizamos ao agir. Assim como nossa língua foi marcada pela influência dos povos originários, escravizados africanos e imigrantes europeus e asiáticos empobrecidos, nossos corpos também poderiam ser portadores de características que nossa alienação cultural se recusa a ver.

No tópico dedicado ao analista coletivo, algo dessa subjetividade corporificada, mundanizada e não individualista emerge, revelando uma força subestimada no enquadre analítico usual. O que está em jogo é a noção de unidade do analista. Não se trata, entretanto, de repaginar o conhecido papel do analista como agente de uma função simbólica impessoal – assim como a noção foi teorizada nas análises de grupo ou nas psicoterapias institucionais, sobretudo nos anos 1960-1990.

Aqui o foco é outro. O analista corporificado que dá início a novas ações junto com outros analistas e analisandos cria um ambiente com força performativa própria. A força pode vir da repetição e da perlaboração do passado infantil, sexual e traumático, mas também de ditos e feitos responsáveis pelo surgimento de novos campos de vida, novos territórios, nos quais conflitos, gratificações, frustrações, sublimações e cenas criativas inéditas venham à tona. O analista coletivo não designa a delegação a um sujeito de tarefas simbólicas criadas antes dele – e que ele deve perpetuar na ritualização de suas condutas clínicas habituais – nem atitudes de uma massa desindividualizada, acéfala, que se move aleatoriamente em função de causas inconscientes recalcadas/desmentidas/forcluídas ou de passagens ao ato que se desconhecem como tal. O analista coletivo é a manifestação dos sujeitos que consentem em buscar juntos lugares de fala e de ação que destravem a espontaneidade criadora inibida pelos sintomas. É a ação concertada dos que se dispõem a agir de modo que a singularidade de cada um emerja, na modalidade psíquica e corporal mais desejável.

Enfim, a amarração dessas sugestões/ensaios de atividade analítica deságua na ideia de clínica de rua. A teia conceitual, neste ponto, se adensa. Thais e Erico propõem liberar a psicanálise do compromisso para com o espaço do consultório privado, não apenas para correr rumo à "curiosidade para com o mundo, a vida e a cultura". Vão além. Buscam mostrar que a escuta e as ações analíticas são possíveis nas ruas e praças com o movimento dos transeuntes, os sons ao redor, as surpresas do tempo e do clima, os acidentes do tráfego e demais constituintes dos espaços públicos urbanos. A veneranda imagem do analista e analisando protegidos em seu colóquio íntimo pelas paredes do consultório voa pelos ares. O mundo da vida, os territórios criados pelos atores da cena analítica de rua, mostram Thais e Érico, possuem uma força gravitacional suficiente para integrar a parte do ambiente que for produtiva para o processo e filtrar e descartar o que aparecer como obstáculo a esse mesmo processo.

O imprevisto, o ensaio e erro, as correções e ajustamentos, tudo isto será, obviamente, inevitável. Mas o mesmo não ocorre infinitas vezes no enquadramento do consultório privado? A questão não concerne à certeza do que tem que ser feito ou à responsabilidade do analista e do analisando diante da experimentação clínica; a questão é a do risco de cada um. A questão é de "a quantas certezas" estamos dispostos a duvidar, em favor da emancipação humana dos entraves afetivos causados por nossas demandas pulsionais ou pela

insuficiência do ambiente. Sem isso em mente, não poderemos apreciar o verdadeiro vigor do livro. O tom dominante do texto, afinal, é o da pergunta feita e refeita e que, mesmo assim, permanece atual: de que plural é feita a psicanálise?

Em suma, um estudo que enriquece de modo raro a paleta teórica e prática da clínica psicanalítica. Thais e Érico produziram uma peça de primeira linha em nossa literatura. Indispensável para "velhos" e "jovens" analistas; imprescindível para aqueles que, parodiando Walter Benjamin, querem da psicanálise algo "além de um sanduíche".

1

NOSSAS PRIMEIRAS PALAVRAS: “PRECISAMOS TODOS REJUVENESCER”

Você não sente, não vê,
[mas eu não posso deixar de dizer, meu amigo
Que uma nova mudança em breve vai acontecer
O que há algum tempo era novo, jovem
Hoje é antigo
E precisamos todos rejuvenescer

Belchior

Caro leitor,

Escrevemos sem saber ao certo o contexto em que esta carta lhe alcançará. Nem mesmo temos certeza se podemos lhe dirigir assim, pelo pronome masculino. Com efeito, é bem provável que você seja um homem branco abastado, cujo protagonismo de outros gêneros, cores, classes e idades assombre seu castelo construído com teto de vidro. Ou, quem sabe, você é uma leitora que deseja construir outros caminhos no interior da psicanálise. Nisto que é abertura, optamos por nos concentrar primeiro no remetente
desta carta. As quatro
mãos que escrevem este
texto, de gêneros,
raças, classes e
regiões diferentes
do país,

são marcadas pelo binarismo, muito embora se esforcem para encarar seus efeitos nefastos. Na intenção de reduzir os danos de nossa própria herança e supondo que você seja apegado a pares de opostos, concordamos que, entre os dois, ainda preferimos o protagonismo feminino para lhe dirigir estas cartas.

Correspondências, por vezes, são extraviadas do seu propósito e tocam apenas em pequenas brechas. Você pode ser bem moça ou ter os vincos do tempo entalhados na pele. Pouco importa, não é essencial. O velho a que nos referimos não claudica em uma linha progressiva rumo à morte, mas se debate contra a inevitável transitoriedade – uma alma penada. Não se assuste! A alma sem corpo é inofensiva, presa fácil da clausura tecida pelas próprias amarras. Na separação forçada entre alma e corpo, preto e branco, novo e velho, só nos restou durante muito tempo escolher um lado e colonizar o outro. Colonizar é uma expressão que lembra que o velho não está apenas na ordem do tempo, mas se confunde com o espaço: continente, instituições, teorias – um verbo que aponta que a travessia precisa ser conjugada no gerúndio. Estamos no campo das misturas, novos e velhos – essa carta, meu caro leitor, nos lembra de que precisamos todos rejuvenescer. E como rejuvenescer sem assumir o tempo presente como o nosso tempo?

Não se trata de firmar pactos espúrios com as exigências do tempo, esculpindo nossas intenções por valores moldados pela mão branca do mercado, do tempo do agora, da promessa de felicidade. A morte da psicanálise, entre tantas outras vezes, é anunciada neste contexto como uma vitória da objetividade, como o triunfo de um corpo desvitalizado e universalizado às custas da história. As quatro mãos que lhe escrevem escolheram continuar de mãos dadas com a psicanálise e seguir adiante com muitos – "é impossível ser original, a não ser com base na tradição", nos lembra Winnicott.[1]

Nossas primeiras palavras, meu caro leitor, caminham no compasso de um *Xirê* – palavra iorubá que significa roda ou dança para evocação. Com um *adjá* na ponta do lápis, escrevemos esta carta como quem convoca uma roda na qual os mais velhos seguem na frente. Os mais velhos dão os primeiros passos no espaço de música e dança que prepara a chegada do orixá das encruzilhadas para, juntos, abrirmos outros caminhos. A tradição, portanto, é a base, o ponto de partida, mas jamais ponto de chegada – o movimento circular que retorna à tradição enquanto argumento último nos deixa presos, no nosso contexto brasileiro, na casa-grande. Nossa roda é dança para evocação.

1 Winnicott, 1967/2019, p. 160.

Como nos rituais do Candomblé, o movimento circular, iniciado pelos mais velhos, recebe Exu. Força que atualiza a potencialidade do futuro, mas que é mediadora entre passado e presente, entre ancestralidade e descendência, entre sagrado e profano, entre divino e humano, Exu habita o reino do entre. O reino do entre, o espaço permeado pelos corpos, como nos ensinou Winnicott; é também onde a criatividade pode atualizar sua potência.

É por isso, velho leitor, que nossas cartas não visam endossar um tom professoral no sentido de instruir os mais jovens nos tortuosos caminhos de uma formação em psicanálise. Escrevemos como uma convocação aos mais velhos para que, de mãos dadas com a morte, atravessemos outras encruzilhadas. Exu é o orixá do paradoxo e nos lembra que a morte do velho não é a sua sentença final, mas um convite para renascermos juntas. É preciso se apropriar da constante anunciação da morte da psicanálise. É preciso saber morrer.

O primeiro passo para nos apropriarmos da morte da psicanálise e abrir caminho para rejuvenescer é compreender por que Freud chegou ao Brasil para explicar – é preciso lembrar que a expressão "Freud explica" parece existir apenas em nosso país. A aspiração colonizadora contida nessa assertiva é revelada pelo dito popular: o homem europeu explica para melhor dominar o mundo.

Um aspecto importante de sua recepção no Brasil marca esta vocação. Aliada à psiquiatria como saber legitimador posto a serviço da criação e manutenção de uma elite tecnocrática, a psicanálise foi também utilizada no sentido de fornecer subsídios para uma suposta evolução necessária à construção de uma civilização nos trópicos. Acompanhando a hipótese de Castro,[2] podemos afirmar juntamente com o colega que, nas décadas de 1920 e 1930, os discursos médicos psiquiátricos se fundamentavam em pressupostos psicanalíticos e faziam parte de um projeto mais amplo de construção de uma nação nos moldes europeus.

Portanto, a psicanálise foi integrada ao amplo contexto de discussão de projetos para a nação brasileira que deveria ser regenerada e modernizada – projeto que se articula com a reforma em outros campos; por exemplo, a de Pereira Passos no Rio de Janeiro –, pois o brasileiro seria caracterizado por excessos e desvios, marcado pela primitividade dos negros e da população indígena. Como bem destaca Sueli Carneiro,[3] o ideal imposto à construção da nação brasileira comportava também a atenuação da agressividade e do ódio à diferença – igualdade nos trópicos só

2 Castro, 2015.

3 Carneiro, 2023.

poderia vir em forma de um mito (que sustentasse a falaciosa ideia de que, em terras brasis, todos conviviam numa mistura harmoniosa). O projeto de nação, do qual a psicanálise em sua recepção no Brasil foi cúmplice, é alinhavado pelo mito da democracia racial.

Ora, a aliança entre a psicanálise e o seu discurso que se pretende universal e o mito da democracia racial no Brasil estão postos. Privilégio das elites do país, nesse contexto a psicanálise foi uma das ferramentas utilizadas para detectar e tratar o primitivismo do brasileiro, compreendido como uma representação de um estágio inicial do próprio projeto de desenvolvimento da civilização nacional, com o intuito de ajustar seus valores e comportamentos aos ideais do mundo moderno e civilizado. Do id primitivo ao ego civilizado: esse poderia ser o brado de consolidação da aliança da psicanálise com a colonização no território brasileiro.

Sabemos, meu caro leitor, que alianças como estas não se desfazem no ar com o tempo – o velho nega a morte e tampouco faz dela uma oportunidade para se olhar no espelho. Lembrando a imagem trazida por Jurandir Freire Costa,[4] do alferes do conto de Machado de Assis, que, diante do espelho sem sua farda, experimenta "uma persistência de desesperado", enxergando seu ego civilizado como "uma nuvem de linhas soltas". É a preservação de uma imagem especular, ancorada na visão e na virtualidade, apartada de seu próprio corpo, de seu próprio território, que o pacto narcísico da branquitude tenta preservar na psicanálise. Não à toa o argumento de defesa de uma verdadeira psicanálise é sustentado quando as fardas são retiradas daqueles que assinaram o pacto na casa-grande. A aliança com o desenvolvimento de uma nação nos moldes europeus conjugada com suas ressonâncias no presente é uma imagem que não encontra amparos no espelho sem a farda.

A sustentação de uma verdadeira psicanálise, seja esta no âmbito institucional ou teórico no Brasil, se alia à marca da própria história desse território concebido como um projeto cujas bases ancoram-se na exclusão e firmam-se pela violência. Afirmar que precisamos todos rejuvenescer, nosso velho leitor, é, em um primeiro momento, reconhecer esse pacto que nossa

4 Costa, 2023.

disciplina fez com a violência de nossa própria história ao aliar-se a ela como um instrumento colonizador. Mas é também lembrar que, no Brasil, Freud não é o único que aspira explicar – o funk carioca nos revela outras expressões possíveis, dita maneiras de o "recalque passar longe" e avisa logo que a batida funciona melhor "sem neurose". Se rejuvenescer é saber morrer para reviver, é preciso reconstruir as bases da psicanálise em território brasileiro, tecendo outras alianças.

Não se trata, tampouco, de pleitear uma identidade da psicanálise, mesmo que esta venha acompanhada com o atributo de brasileira. A identidade na psicanálise, sabemos, é criticada pela tradição. Há quem diga que a psicanálise pode ser pensada em diferentes troncos e outros que sustentam diferentes paradigmas. O que queremos colocar em questão não é uma identidade específica; o que o presente texto deseja mostrar é que não se trata de criticar a identidade de uma construção teórica na psicanálise a partir do território Brasil, mas reconhecer no nosso território aquilo que dele põe em xeque a necessidade de uma identidade, provisória ou não. Como canta o samba-enredo da Portela de 2024: "Um defeito de cor", trata-se de "fazer da identidade nosso livro aberto". O pensar em função de uma identidade, que pode demarcar o que é a psicanálise, é contrariado por nós que acreditamos no que encruzilha.

Nossas cartas são um convite para que nos aliemos aos diferentes corpos que confluem na nossa história, destacando suas marcas para a psicanálise não apenas enquanto vestígios do sofrimento do colonizado, mas como potencialidades, ao nos alinharmos ao constante movimento de descolonização. Para usar uma expressão de Nêgo Bispo, trata-se de consolidar a possibilidade de envolvimento de corpos excluídos do espelho fardado.[5] Preservar nossa imagem fardada no espelho é pura vaidade desesperada; o pacto narcísico só pode "achar feio o que não é espelho."

É como um martelo rodado de capoeira ou uma meia-lua, como na música de Caetano, que dá um "sopapo na cara do fraco" ou de um "estrangeiro gozador". O golpe aqui é expressão da capoeira. O que não se identifica. A capoeira, aliás, é dança, jogo, luta e brincadeira; é justamente o que não se identifica, como se com a identidade pudéssemos ter uma etiqueta *made in Brazil*. O que propomos nestas cartas não é, portanto, uma identidade, mas uma série de linhas e palavras dispostas a embaralhar nossas certezas. Por isso, estas cartas não são dicas para uma conduta

5 Bispo, 2023.

confortável numa formação ou um manual de dicas para quem está começando a trilhar a psicanálise, mas um modo de abrir caminhos para uma psicanálise feita no Brasil, um território que não é apenas branco e com as respectivas hierarquias próprias da branquitude.

Rejuvenescer, caro leitor, é uma forma de repactuar. Não é refazer caminhos partindo da fantasia de um marco zero, nem tampouco é pintar de pátina aquilo que o tempo tem o dever de corroer. Essas cartas ensejam um duplo movimento: o primeiro implica destacar o pacto narcísico da branquitude que enlaça a psicanálise, entre instituições, teorias e proposições clínicas, e a faz aliada do próprio processo colonizador. Sua pretensão universalista tem como pano de fundo uma perspectiva que isola pares de opostos, uma concepção binária que se ancora em uma intenção de uma formação calcada exclusivamente no desejo como se este pairasse no ar, longe do mundo. O segundo movimento, caro leitor, implica entrarmos de mãos dadas nessa roda, na qual os mais velhos são chamados à frente para receber o senhor das encruzilhadas. É evocando Exu, brincando e abrindo caminhos, que nossas cartas são um convite para construirmos outros destinos para a psicanálise a partir da experiência brasileira como abertura para uma psicanálise não identitária.

2

ONDE TUDO COMEÇA, MAS NUNCA ACABA: A FORMAÇÃO EM PSICANÁLISE

na ideia de que a escravidão ainda hoje mantém sua herança discriminatória como justificativa para os pretos permanecerem nos extratos mais baixos da população, por não terem se ajustado ao novo sistema econômico, devido ao despreparo técnico em que se encontraria a massa de ex-escravos após 1888. Isso é um mito que a ciência forneceu ao próprio sistema.

Beatriz Nascimento, 2022

Caro leitor,

Não faz muito tempo, você deve estar lembrado: tornar-se psicanalista no Brasil era privilégio de poucos e brancos. Há quem diga com naturalidade que seria preciso o valor de um apartamento para sustentar o caminho de formação. Artigo de luxo, ser psicanalista ou fazer análise era, e ainda é, um índice de classe e raça. O fetiche da mercadoria, nesse contexto, se sustenta por um discurso universalista que não se ocupava com as desigualdades que marcam o nosso país e que encontram o seu amparo ideológico no mito da democracia racial, sobre o qual iremos vagar mais à frente.

O psicanalista se ocuparia do sujeito do inconsciente, um sujeito suspenso na estrutura da linguagem, sem pé nem cabeça ou sem raça nem classe. Um humano muito especial, distante dos animais e das coisas, que desde seu nascimento encontra-se desamparado, destacado da coletividade e dos outros que o cercam. Ora, se você quiser ainda insistir e dizer que são todas pessoas humanas, nós diremos que, embora não reste dúvida de que todas as pessoas são humanas, por que as humanas negras e indígenas não estão presentes nas instituições? Fiquemos com a estranheza em face do que parecia extremamente familiar e natural.

Nesta carta, caro leitor, apesar de darmos ênfase às instituições psicanalíticas, é preciso marcar um limite importante de seu próprio alcance. Quando você provavelmente se perde em discussões sobre querelas curriculares que te fazem sentir mais sábio em meio ao incompreensível de nossos recônditos, talvez não se dê conta das problemáticas que residem no pano de fundo do posicionamento de muitas instituições. Convenhamos, depois de alisarmos por muitos anos os bancos das universidades no Brasil e no mundo, não é nesse ponto que a psicanálise ainda nos interessa. Não se trata, portanto, de tomar a transmissão da psicanálise como se fosse um terreno neutro. A transmissão da psicanálise não é passível de ser discutida nos moldes de uma disciplina universitária, talvez seja necessário até um pouco de indisciplina no processo. Não porque – como sustenta um argumento que em geral flerta com o classismo e racismo – a formação do analista esteja restrita às escolas de psicanálise, tentando eliminar as disputas entre diferentes instituições, inclusive no próprio âmbito acadêmico. A indisciplina nesse processo aponta para a importância de tomar a formação como uma travessia contínua que, seja em escolas, seja na universidade, seja em um caminho que atravesse diferentes instituições, não pode ser concebida sem levar em consideração o próprio território. Jurandir Costa nos ajuda a entender que a psicanálise "é um saber da transferência de quem aprende com quem ensina" – e, justamente por isso, importa quem ensina, como e onde, e também o que se ensina.[1] São camadas entrelaçadas de questões, e todas motivo de disputa.

Essas disputas em torno da formação em psicanálise, você sabe, são um ponto nodal de rupturas que caminham lado a lado com a sua própria história. A famosa disputa, que meu caro leitor provavelmente ouviu falar pelo menos por rumores, entre Jung e Freud ocorreu, por exemplo, como tudo que ocorre na psicanálise, não apenas

1 Costa, 2023, p. 113.

no âmbito teórico – era justamente a presidência da IPA e outras repercussões político-institucionais que também estavam em jogo, além, é claro, de questões teóricas.[2] E esse é apenas um exemplo – Otto Rank, Reich, Ferenczi e Lacan são alguns dos personagens que questionaram (alguns de maneira mais disruptiva que outros) as instituições, as teorias e o processo de formação do analista. A questão da análise leiga, a análise do próprio analista e a análise didática são temas que foram alvo de disputas acirradas desde os tempos freudianos (o próprio movimento é indissociável dos avanços e retrocessos dessas disputas).

Mas é importante lembrar que não se trata apenas de querelas institucionais: são implicações teóricas, clínicas e políticas emaranhadas na discussão[3] e que, por sua vez, comportam interesses mais variados. Ora, no Brasil, revisitar a história do movimento psicanalítico ajuda a revelar esse jogo de força ao mesmo tempo em que deixa entrever as marcas de inserção nesse território e o seu pacto com a colonização. Revisitar a história é um exercício mais do que necessário – aprendemos juntos com Freud que o passado não é estático.

---

2 Gabarron-Garcia, 2023.

3 Kupermann, 2020.

No que nos é possível nestas breves cartas, lembremos que, muito embora o pensamento psicanalítico tenha começado a se difundir entre psiquiatras de diferentes partes do país, a concepção de formação de um psicanalista em território brasileiro foi tributária do envio da IPA de analistas didatas. As instituições de psicanálise se iniciam em São Paulo e logo depois no Rio. Cidades como Porto Alegre e Recife também vão iniciando os seus caminhos para uma institucionalização da psicanálise. Para tomar como exemplo um território que nos é próprio podemos falar um pouco dessa experiência no Rio de Janeiro. O Rio é um exemplo interessante do projeto institucional da psicanálise no Brasil – entre um analista didata judeu e outro com aspirações nazistas, as instituições de formação psicanalítica, desde o princípio cindidas, foram reproduzindo os pactos espúrios com as camadas de poder.[4] A multiplicidade de instituições de diferentes orientações, característica do Rio de Janeiro e de outras cidades como Recife, por exemplo, mas não restrita a esses lugares, contrasta com a uniformidade de seus frequentadores. O que queremos destacar, caro leitor, é que a problemática da formação do analista, condensada muitas vezes em suas instituições, é índice

4 Klein, 2024; Siniscalchi, Dias, Helsinger, 2024.

da imposição e manutenção de uma centralidade ancorada no pacto narcísico da branquitude, indissociável de posições teóricas, clínicas e políticas.

Sobre o pacto narcísico da branquitude, acreditamos que, para continuar a nossa conversa, a definição que Cida Bento nos oferece é uma boa companhia neste debate:

> O silêncio, a omissão, a distorção do lugar do branco na situação das desigualdades raciais no Brasil têm um forte componente narcísico, de autopreservação, porque vêm acompanhados de um pesado investimento na colocação desse grupo como grupo de referência da condição humana.[5]

O centro do argumento de Cida Bento repousa no fato de que a autopreservação das instituições só pode ser realizada pela assinatura de um pacto de exclusão das pessoas negras, indígenas e as suas descendentes que não tiveram historicamente o direito de entrar na casa-grande, a não ser para servirem as pessoas brancas ou que apenas saíam dos mocambos para servirem as pessoas ricas do sobrado.

---

5 Bento, 2014, p. 437.

O ponto principal no tocante às instituições de formação psicanalítica está no fato de que o seu suposto monopólio sobre o que é ou não uma verdadeira formação revela também um sintoma: a tentativa de manutenção do pacto narcísico da branquitude, que no Brasil é assinado no interior da casa-grande e dos sobrados. Nesse sentido, o entrelace entre teorias e instituições que lutam para manter posições de poder não é fenômeno estranho à psicanálise que se desenrola nos divãs. É possível que as marcas desse pacto estejam na sua base porque indica onde você escolheu se aterrar para seguir na caminhada da formação.

Convidá-lo a se deter nesse ponto é mexer em um vespeiro; é adentrar os altos muros da casa-grande que se esforçam para manter o monopólio da formação, amarrado pelo próprio pacto narcísico da branquitude pelo qual a monocultura branca impera como único caminho para uma formação em psicanálise. Não se engane: apontar para esse pacto não é tarefa simples; sabemos que os sintomas não se desfazem sem resistência. Mas esse gesto é um passo para quebrar os muros e relembrar que a psicanálise é um saber da transferência, retomando sua potência política e a vitalidade do pensamento clínico desde Freud, mas expandindo aquilo que pode servir de base epistêmica para a psicanálise.

Embora você mesmo, em algum momento, tenha porventura defendido a dimensão apolítica do sujeito do inconsciente, ou tenha cometido o que Sueli Carneiro,[6] chama de epistemicídio, separando, portanto, a formação da psicanálise da militância, como se fossem coisas excludentes, lembre-se de que, desde sua origem na Europa, a psicanálise se pauta por posições políticas. Uma clínica militante não é uma clínica antipsicanalítica, afinal, a psicanálise está intimamente ligada à política enquanto um campo de disputas e posicionamentos. As origens e destinos da ação popular, por meio da promoção de clínicas públicas, como na policlínica de Berlim, consistem apenas em um exemplo da dimensão política da psicanálise em sua história.[7]

O ponto é que a militância deve ser entendida naquilo que é próximo à ideia de Marx de uma espécie de práxis. Isto é, uma clínica militante não é uma clínica intransigente, como certos usos depreciativos do termo militante poderiam sugerir. Para conhecer posições intransigentes basta correr os olhos pela história de algumas instituições de formação em psicanálise, lideradas pela IPA, que proibiam na sua formação a presença

6 Carneiro, 2023.

7 Gabarron-Garcia, 2023.

de pessoas homossexuais, por exemplo.[8] Intransigência não é militância. Aliás, é preciso muita militância para acabar com a intransigência. Para o tempo de hoje, caro leitor, é preciso compreender que militância é reconhecer que a formação em psicanálise é uma escolha teórica e política. Portanto, envolve um compromisso com uma clínica capaz de escutar corpos dissidentes sem violentá-los, o que não é dissociável de concepções teóricas e funcionamentos institucionais. Nós nos permitimos dizer, embora seja óbvio, que uma formação em psicanálise não deve ser entendida como um manual de ações corretas do ponto de vista de uma perspectiva moral – estamos na contramão de cartas escritas em tom professoral. A militância aqui é abertura no que ela tem de potência de produzir uma escuta mais aguda do tempo presente.

Foi nesse sentido que pensamos o ponto de partida para discutir a formação em psicanálise, o que a gente supõe que possa interessá-lo. Ela tem que ser comprometida não apenas em não reproduzir distorções graves como certas proibições (como a que ocorria na IPA, conforme mencionamos),

8 Bulamah e Kuperman, 2018.

mas em evitar que a psicanálise funcione como um lugar de violência epistêmica na mesma proporção que des-escuta corpos que poderíamos chamar de dissidentes, como assim o designa Sueli Carneiro.[9] É por isso que o monopólio da formação do analista, onde tudo começa mas nunca acaba, não pode ser detido pelas velhas instituições povoadas por certos humanos pretensamente universais, mas monocromáticos, e que estão localizadas nos centros econômicos do país – é preciso lembrar que se trata de um saber de transferência.

A palavra formação se coaduna com a complexidade de nossa formação como povo, marcado por uma longa história de escravidão de pessoas negras e indígenas, e por um grande genocídio dos povos não brancos de maneira geral – são traumas de ordem coletiva e feridas coloniais abertas que se transmitem de geração em geração.[10] Para quem olha por detrás dos muros da casa-grande, ou através das grades dos condomínios, engana-se pensando que a violência respeita os limites. Como nos ensinou Jurandir Freire Costa,[11] a psicanálise acaba por trivializar a violência quando a remete

---

9 Carneiro, 2023.

10 Jesus Silva, 2019.

11 Costa, 1989.

a um impulso originário do "homem" contido pela cultura. Em nossas terras, a violência está na própria cultura, permeando os corpos – seu percurso, todavia, não é o de uma bala perdida; a violência encontra o principal destino nos corpos negros e periféricos.

Como, então, nesse contexto, tomar como ponto de chegada as reverberações da problemática da histeria, que governava o pensamento de Freud em Viena do final do século XIX e início do século XX? Talvez só seja possível sustentar esse discurso como universal assumindo uma tarefa, como a de Sísifo, de subir cada vez mais os muros das casas-grandes, de gradear e monitorar cada centímetro dos edifícios, de tornar a formação psicanalítica uma ilha fantasiosa no centro do nosso próprio umbigo – ou seja, alimentar o sintoma. O velho que não quer morrer acaba por cometer um assassinato e, nesse caso, o assassinato é de muitos outros silenciados, mas também um suicídio. É a própria psicanálise que perde sua potência de um instrumento político.

É por isso que uma formação em psicanálise não pode ser feita sem que se considere que a cultura ou a civilização não é um bloco monolítico. Diferente do argumento de que Freud não distinguiu as palavras alemãs *Kultur* e *Zivilisation*, uma vez que estava se referindo a uma dimensão universal que atravessa a todos, é preciso levar em consideração outra dimensão da própria cultura. Quando nos referimos à cultura nesse contexto, não a concebemos nos moldes europeus, que a trata como oposta à natureza, como um artefato exclusivo dos humanos a serviço do controle (insuficiente) de seus impulsos. A cultura, aqui, é pensada enquanto marcas que descentram a autossuficiência do indivíduo, maduro e bem integrado – é justamente o ponto de enlace entre nossos corpos e o mundo, que ao mesmo tempo os cria e é criado por eles. Cultura, portanto, não se impõe, como pensavam os colonizadores, mas revela os limites epistemológicos do etnocentrismo e deixa entrever igualmente. Quem nos ensina é Bhabha:[12] "as fronteiras enunciativas de uma gama de outras vozes e histórias dissonantes, até dissidentes – mulheres, colonizados, grupos minoritários, os portadores de sexualidade policiada". A cultura é o lugar da fronteira, portanto, um espaço-tempo possível para alcançar novas margens: "a ponte reúne enquanto passagem que atravessa".[13] A gente deve retomar esse ponto em outras cartas.

A pretensão colonialista da psicanálise em estabelecer uma universalidade da cultura

---

12 Bhabha, 2013, p. 25.

13 Ibid.

ancorada no tabu do incesto e na culpa não se sustenta apenas no pacto dos irmãos da horda primeva, mas é aliada ao próprio pacto da branquitude, impedindo-nos de nos perguntar o que pode ser a cultura e afastando-nos de sua própria materialidade que compõe os corpos.[14] Um contrato racial, como nos lembra Charles Mills, no qual todos os corpos que supostamente se aproximam da natureza – os selvagens – são tomados como inferiores e não são signatários do pacto do qual são vítimas. A cultura é ao mesmo tempo herança e abertura e sua definição não pode eclipsar o fato de que feridas e traumas são produzidos em territórios específicos e atingem determinados corpos. No território onde essas cartas são escritas, caro leitor, existem feridas abertas, como nos lembra o samba-enredo da Mangueira de 2019, "História para ninar gente grande", prevalece o sangue retinto pisado atrás do herói emoldurado.

Quando pensamos a formação em psicanálise na estação Brasil, não seria possível nos referir a uma civilização que poderia condensar toda experiência humana na experiência europeia, como se todas as pessoas fossem tributárias da mesma raiz traumática (não seria a própria noção de trauma um traço de certa cultura?). É preciso circunscrever

14 Klein, Ferreira e Verztman, 2023.

a psicanálise no terreno no qual as pessoas lutam para não verem as suas culturas apagadas, seus corpos vendidos como a "carne mais barata do mercado", no dizer de Elza Soares. A cultura é menos um índice identitário e mais uma articulação entre tradição e criação.[15] Nesse contexto, é interessante lembrar que, do latim, a palavra *culturae* remete à "ação de tratar", "cultivar" "cuidar" – é, portanto, com a herança e abertura de nossa cultura que a psicanálise pode ser ponte de cuidado.

Assim, é muito provável, caro leitor, que a sua formação se inicie numa instituição da Zona Sul do Rio ou em algum bairro nobre da Zona Norte de Recife. Lugares que não podem ser comparados à Viena de Freud ou à Paris de Lacan, mas tampouco deixam de representar as marcas coloniais tanto nos sobrenomes das pessoas que as compõem quanto na ausência de parte importante da população do país, com os seus tantos Silvas, Souzas, Nascimentos, Santos, Anjos. Podemos falar da maioria da população. E a primeira coisa que convidamos você a estranhar é a quantidade de colegas brancos que se apresenta inversamente proporcional ao número de pessoas negras ou indígenas, quando essas populações são minimamente

15 Klein, 2022.

representadas, nas instituições de psicanálise – inclusive nessa na qual você iniciou a sua formação.

É difícil hoje pensar a formação sonegando as desigualdades, de natureza regional, de classe, gênero e raça, para apostar que o mal-estar na civilização é um só – talvez o mal-estar venha, nesse contexto, com a própria imposição de uma civilização.[16] Convidamos a pensar que a negligência quanto a essas desigualdades tem um impacto na clínica, assim como em nossa formação enquanto psicanalistas. Como pensar uma formação em psicanálise que passe ao largo da história do Brasil para falar da civilização como um projeto unitário, racialmente neutro e indiferente em face da construção binária de gênero?

Nesse sentido, percorrer a literatura psicanalítica até ontem e, provavelmente, hoje é se deparar com uma literatura monocromática e abundantemente masculina. Convidamos o leitor de nossas cartas a verificar. Faça o exame. Não, não devemos achar isso normal. A normalidade é o centro do pacto da branquitude. Afinal, como nos ensina a colega Lia Schucman, "A brancura, nesse caso, é vista pelos próprios sujeitos brancos como 'normal' e 'natural'".[17] A branquitude funciona como

16 Andrade, 2022.

17 Schucman, 2020, p. 62.

uma espécie de cegueira por meio da qual as pessoas brancas não colocam em questão que vivem "principalmente em bairros brancos, casam e fazem amizade principalmente com brancos, interagem principalmente com brancos no seu trabalho...".[18] Isto é, parte importante do pacto da branquitude se investe de uma forma de resistência que ocorre pela própria negação da branquitude como a estrutura que rege o comportamento das pessoas brancas na mesma medida em que impõe o seu privilégio ideológico e econômico sobre toda vida social.

Cida Bento, mais uma vez, é precisa quando afirma nesse sentido que

> Os brancos, em sua maioria, ao não se reconhecerem como parte essencial nas desigualdades raciais, não as associam à história branca vivida no país e ao racismo. Além disso, a ausência de compromisso moral e o distanciamento psicológico em relação aos excluídos são características do pacto narcísico.[19]

O ponto é que a branquitude distorce a realidade quando assume o caráter ideológico, nos termos

---

18 Bonilla-Silva, 2020, p. 140.

19 Bento, 2022, p. 60.

de Beatriz Nascimento,[20] de hegemonia social sem compreender que o seu processo hegemônico implica a subalternização das pessoas negras e indígenas. Trata-se, portanto, não apenas de uma manobra de afirmação do racismo sem racistas, mas de uma obliteração do papel das pessoas brancas na construção do racismo e daquilo que é constitutivo do pacto narcísico da branquitude: o privilégio e os benefícios das pessoas brancas com o racismo.[21]

É nesse sentido preciso que a definição de branquitude está em sintonia com aquilo que o filósofo Charles Mills[22] nomeou como projeto de supremacia branca. Isto é, trata-se de uma estratégia de dominação racial que não se anuncia como tal, mas opera de forma que não apenas mantém a divisão racial como a naturaliza a ponto de as pessoas brancas ignorarem a sua existência. Ora, caro leitor, é exatamente isso que parte do movimento psicanalítico, cristalizado nas instituições de psicanálise, historicamente realizou no Brasil. É claro que isso não é exclusividade das instituições. Sabemos bem, mas as cartas que estamos

20 Nascimento, 2023.

21 Bento, 2022.

22 Mills, 2023.

escrevendo se dirigem aos formatados, ou àqueles que almejam a formatação como modelo de uma verdadeira formação.

Essa ignorância se estende em diferentes níveis e compromete fortemente a formação em psicanálise. Por exemplo, o leitor pode se habituar à falsa ideia de que os textos de psicanálise não referenciam uma espécie de monocultura branca, quando nas instituições em geral é apenas o que se lê. Percebam que essa divisão racial está presente quando apenas um grupo racial é sujeito de estudos e leituras. Você poderia dizer, caro leitor, que mais recentemente a literatura psicanalítica tem se debruçado em torno das questões sobre o racismo. Perguntamo-nos, por outro lado, se parte desse movimento não se consolida como uma objetificação do sofrimento de corpos não brancos, como se a metapsicologia pudesse ficar intacta e simplesmente incluir um novo objeto de estudo. Ou seja, uma espécie de cota de leitura que não procura refletir sobre o compromisso da teoria psicanalítica com a ideologia do branqueamento.

O sujeito, caro psicanalista, continua o mesmo – é justamente desse limite (que deixa estanque o sujeito do conhecimento e o objeto a ser conhecido) que estamos falando. Assim, a falta de texto de pessoas não brancas na formação não se resolve com uma política de cotas; ela deve ser vista numa óptica epistêmica como sintoma da supremacia branca na determinação do que é psicanálise. É nesse sentido que o silêncio sobre as questões raciais na teoria psicanalítica pode ser lido na mesma chave que Charles Mills lia o silêncio da filosofia política em relação às questões de raça, isto é, "como sinal de poder contínuo do contrato sobre os seus signatários, um daltonismo ilusório que reforça o privilégio branco".[23]

É preciso reconhecer que a ignorância quanto a essas questões raciais não pode ser subterfúgio para que a psicanálise continue prorrogando o pacto que, por um lado, exclui epistemicamente as pessoas negras e indígenas e, por outro, segue tranquila diante da ausência dessas mesmas pessoas nos espaços de formação. Ou mesmo se dispõe a abrir pequenos espaços, da mesma forma como decoram os seus consultórios, para fornecer outras cores ao ambiente sem repensar a dimensão epistêmica e colonizadora dessa mesma manobra e do próprio ambiente.

Com efeito, há algo grave que as formações de psicanálise podem não ensinar. A universalidade irrestrita de alguns conceitos de psicanálise pode igualmente constituir o pacto da branquitude. Aqui se seguem algumas palavras.

---

23 Mills, 2023, p. 121.

Primeiramente, quando desconsideramos que a produção conceitual da psicanálise também é feita num território, corremos o risco de tomar como universal aquilo que é fruto de uma dominação cultural.

Então, caro leitor, é nesse ponto que você deve perceber com desconfiança as afirmações sobre o humano, seus traumas e neuroses, porque em geral referendam o mesmo pressuposto de que uma cultura poderia ser a porta-voz do universal. Trata-se de uma imposição cultural, ou melhor, colonial, mais do que a abertura que a experiência cultural propriamente dita pode imprimir.[24] Interessa aqui destacar tanto um conceito quanto um modo de operar que podemos chamar de colonial, de operar com as ideias que muitas vezes se assemelham à forma como os colonizadores operavam os seus fuzis para forçarem uma conduta uniforme do colono.

Larguemos os fuzis e nos voltemos às operações cirúrgicas de alguns teóricos e conceitos que denunciam a violência epistêmica à qual a psicanálise se aliou. Fanon, ah… como seria importante que andássemos de mãos dadas com ele nessa travessia! Ele, por exemplo, colocou em questão a centralidade dos principais conceitos

---

24 Klein, 2023.

da psicanálise nos processos de subjetivação de pessoas negras e colonizadas. Ou melhor, deflagrou a própria dimensão colonial dos conceitos no que eles pretendem abarcar como expressão do universal. Note, não estamos afirmando, com Fanon, a invalidade dos conceitos, mas indicando que não necessariamente alcançam a subjetividade de pessoas negras e colonizadas. De modo ainda mais grave, quando tomamos sem qualquer crítica esses conceitos como expressão do universal, colaboramos para que o pacto da branquitude permaneça ditando a clínica a despeito das diferenças de pessoas cujos traumas, como nos canta Mateus Aleluia, "Freud não explica". Isto é, uma clínica que parte da universalidade dos conceitos sem respeitar as singularidades do território pode ser incapaz de realizar uma escuta implicada[25] ou, mais gravemente, pode promover uma escuta enviesada por um quadro de referências que silencia certas singularidades.

Tem uma passagem do pensamento de Fanon que achamos muito conveniente citarmos aqui:

> Toda vez que lemos uma obra de psicanálise, discutimos com nossos professores ou conversamos com pacientes europeus,

25 Andrade, 2022.

> ficamos impressionados com a inadequação entre os esquemas correspondentes e a realidade que o negro nos apresentava. Concluímos paulatinamente que há uma substituição da dialética quando se passa da psicopatologia do branco ao negro.[26]

Entre esses esquemas, Fanon, em outra passagem, situa o complexo de Édipo para tomar como exemplo, mas o que estamos discutindo aqui não pode se resumir a um conceito específico. Estamos falando de um modo de operar conceitualmente muito mais do que sobre apenas um conceito. É nesse sentido que a passagem citada, ligeiramente longa, é lapidar. Com ela, não estamos dizendo que o complexo de Édipo não pode também contribuir para a compreensão de certos sofrimentos que atingem também pessoas negras. Acredite que uma das formas de atuação mais recorrente do colonialismo é dizer que cartas como as nossas estão propondo a "exclusão" do cânone desses pobres homens brancos.

O que gostaríamos de sublinhar é que essa pretensão de universalidade é uma das principais características do colonialismo. E, antes que nos acusem de um relativismo cultural, o que estamos

26 Fanon, 2020, p. 166.

propondo é colocar as culturas em perspectiva, marcando a dimensão de abertura que a experiência cultural traz para o próprio etnocentrismo. Dizer que os conceitos estão assentados num território não é necessariamente limitar o seu alcance, mas dizer de onde partem. É interessante lembrar que a palavra assentamento remete a uma dimensão importante das religiões afro-brasileiras (mais especificamente, no Candomblé, assentar significa "plantar o axé", ou seja, tornar o chão que se pisa, o chão do terreiro, um território vivo que funciona como veículo da energia vital para todos os membros da comunidade). O próprio terreiro, assentado, é um corpo coletivo.[27] É, caro leitor, as ideias, assim como os corpos, são feitas também de terra e, por isso, também são expressões do tempo.

Então, para que possamos todos rejuvenescer é importante notar que nem tudo aqui que vem do Leblon ou da Viena de Freud se aplica a Pernambuco como se pudéssemos desconsiderar que, tanto em Pernambuco como nos bairros da Zona Norte do Rio, nosso povo é negro, é indígena, e não tem as cores que monopolizam os bairros nobres de Paris. E a cor não é uma abstração, indica sempre um território. As ideias, mais do que

---

27 Florencio e Klein, 2024.

abstrações, são decisões e formas como um território se compreende. Os europeus achavam que eram o mundo, e nós diríamos que um grande golpe narcísico, para além daqueles destacados por Freud, é de que sua identidade enquanto cultura só se mantém estável quando se silenciam outras formas pelas quais se pode conceber o que é uma cultura. A cultura universal é justamente o fechamento da potência da experiência cultural enquanto abertura para o outro – é à custa da colonização que se pode definir a própria cultura europeia.

Se assim podemos seguir com as nossas cartas, é preciso discutir como rejuvenescer é também voltar no tempo para compreender por que convivemos com uma formação que expressa mais a ignorância branca do que forma corpos disponíveis para escutar os seus conterrâneos. Essa carta, caro leitor, é um convite. Um convite para que retomemos a potência política da psicanálise, ancorada no seu pensamento clínico, que não pode ser deslocado de um território. É um convite para que, em vez de cometermos um suicídio travestido de assassinato silenciador de corpos que não se adequam ao universalismo europeu, nos abramos para o processo transformativo da própria experiência cultural. Experienciar

a cultura, conforme já dito, é colocar em perspectiva nossos próprios conceitos, nossas próprias certezas, que só servem para perpetuar o *status quo*. A formação do analista não pode partir de certezas, ela precisa ser abertura, e a abertura implica que não podemos falar mais de formação em psicanálise sem colocar no centro do seu debate a questão da raça e do gênero. É com ela que iniciaremos a nossa próxima carta. Prepare-se: para percorrer o Brasil, é preciso ser mais Pernambuco do que Leblon.

3

A QUEM INTERESSA UMA ESCUTA SEM CORPO?

> Quando escrevo, quando invento,
> quando crio minha ficção, não me
> desvencilho de um "corpo-mulher-
> negra em vivência" e que, por ser esse
> "o meu corpo, e não outro".
>
> *Conceição Evaristo*

Querido leitor, não estranhe quando alguma pessoa chegar ao seu consultório com a demanda de ser atendida por uma pessoa negra ou trans. Curioso que, no campo do binarismo, não lhe ofendia a busca de um analista homem ou mulher – afinal, nesse caso, estamos dentro daquilo que o pensamento branco, moderno, europeu autorizou (mulheres vestem rosa, homens, azul). Encarar essa possibilidade no nível da estranheza indica que muito provavelmente o seu pacto com a branquitude esteja em dia. Antes de apontar para uma suposta ingenuidade ou desaviso de quem traz essa demanda, é importante parar e pensar sobre o que ela nos informa. Não evite o desconforto da questão. Sinta com a gente.

Uma forma de resistir a essa questão pode ser uma contraposta. Um velho analista diria que ser atendido por uma pessoa negra não garante uma escuta comprometida com o sofrimento, seja porque este é supostamente universal, seja porque a diferença faria parte do processo de análise de todas as formas. Não lhe parece estranho esse discurso, não é mesmo?

O que lhe escapa, caro leitor, é que ao procurar uma analista negra, não binária ou não cis, parte-se da ideia de que uma análise que desconsidera o corpo, ou toma o analista descolado do território, não lhe serve. É uma forma de se posicionar, não necessariamente articulada de modo consciente, contracolonial. Afinal, como nos ensina Nêgo Bispo, o "contracolonialismo é simples: é você querer me colonizar e eu não aceitar que você me colonize, é eu me defender".[1] Pois é, caro leitor, a defesa em face de certas investidas coloniais, presentes na clínica e teoria psicanalítica tomadas sem território, nem sempre é resistência, mas uma forma de resguardar a importância da corporeidade nos processos de subjetivação. É uma forma de dizer que não podemos mais suspender o corpo naquilo que constitui os seus múltiplos territórios. Menos o corpo mecânico cartesiano e mais o corpo vivo, ancorado no mundo ou, como diria Simas,[2] o corpo encantado da umbanda. O nosso corpo somos nós. E nós somos muitas, muitos e muites. Essa carta, caro leitor, é para nos

1 Bispo, 2023, p. 34.

2 Simas, 2021.

lembrar de que o analista não é uma alma penada, não habita um lugar etéreo e sombreado, mas está vivo com seu corpo no mundo.

Por isso, não se apresse em desqualificar a questão. A pressa, nos disse Ailton Krenak certa vez, é também uma das características da branquitude e do sistema que lhe sustenta, o capitalismo. Vamos com Guimarães Rosa, no range-rede – um divã que balança e embala o corpo todo. O ritmo que nos embala não é do tique-taque dos relógios; se o corpo está vivo no mundo, ele é também tempo, tempo e movimento; e na experiência psicanalítica aprendemos que o respeito às experiências de tempo é importante.

Assim, acreditamos que apressar essa discussão é pactuar com o interesse de uma escuta sem corpo, ou melhor, com um corpo que é signo do que pode ser suspenso em nome do universal e, por isso, institui o corpo subordinado à razão.[3] O universalismo funda o binarismo na medida em que circunscreve determinado corpo dentro do que supostamente poderia ser tomado como universalizante, ancorando-se na biologia do homem branco europeu, mas falando em nome da razão ou da alma humana. Um corpo preso em amarras da razão que falsamente não tem raça

3 Andrade, 2023.

nem gênero, mas que é feito deles porque é branco e masculino. Binarismo, modernidade e colonialidade são inseparáveis.[4] O binarismo, caro leitor, é uma invenção "da alma" – nossos questionamentos vêm do corpo, compartilhamos a prece com Fanon: "Oh, meu corpo, faça sempre de mim um homem que questiona!".[5]

Ora, como quem brinca com o binarismo, a roda aqui parte do dois para o múltiplo – achamos que o leitor apreciará de saída a divisão dessa carta em duas, uma para cada escrivivência, como diria Conceição Evaristo. Uma destinada às questões da raça com foco na negritude e outra às questões de gênero. Mas não se engane, a roda continua; em breve, de dois seremos muitos. Seremos uma comunidade: um coletivo.

3.1 RAÇA: A CORPOREIDADE NEGRA COMO TERRITÓRIO PARA A PSICANÁLISE BRASILEIRA

Bom, caro leitor, diante de tantos não ditos sustentados, como prometemos, vamos agora conversar sobre o mito da democracia racial com o qual

---

4 Lugones, 2008.

5 Fanon, 2020, p. 45.

parte da psicanálise andou de mãos dadas em nosso país.

Sabemos que o mito da democracia racial tem uma história longa, complexa e com várias camadas, inclusive as atuais posições críticas ao seu uso.[6] Por isso, não se trata de julgar moralmente quem usou esse termo e muito menos recuperar a mestiçagem na sua ancoragem biológica – ainda que haja quem debata a existência biológica da raça numa literatura, sobretudo anglo-saxã. O nosso ponto é que o seu caráter social permanece formatando subjetividades. Assim, podemos assumir que a raça é uma invenção colonial,[7] e que é um critério identitário que a branquitude estabeleceu como forma de discriminação e distribuição social da riqueza. Essa discriminação efetivamente atinge pessoas negras e indígenas de várias formas. Com efeito, gostaríamos de mostrar como a posição colonial perfaz uma compreensão da psicanálise que não apenas des-escuta as pessoas negras e indígenas como sustenta a si mesma como expressão da branquitude.

Discorrer sobre o racismo é compreender que ele é o responsável por organizar socialmente a divisão de classes no Brasil. É difícil, talvez até

6 Guimarães, 1999.

7 Andrade, 2023; Santos, 2005.

impossível, pensar num combate ao racismo que não envolva outra repactuação no país, especialmente sobre a questão de propriedade e a ordem econômica capitalista. Entretanto, caro leitor, ainda que o diálogo com outras áreas seja essencial, a nossa presente carta poderia ser extraviada do seu propósito caso fôssemos discutir o racismo pelo prisma econômico. O que desejamos sublinhar não são apenas os efeitos do racismo na produção de subjetividades, mas também a maneira pela qual o racismo, enquanto pacto da branquitude, é fundante de determinados aspectos teórico-clínicos da psicanálise. Vamos conversar sobre como a experiência psicanalítica no Brasil deixa entrever que alguns conceitos metapsicológicos, quando não racializados, podem compor o pacto da branquitude e servir como instrumento de perpetuação colonial. Por isso, a pergunta que ora queremos percorrer é a seguinte: qual o impacto de uma clínica racializada para a psicanálise?

Como dissemos em uma de nossas cartas, parte da psicanálise se aliou ao mito da democracia racial. Novamente, é importante dizer que a psicanálise não foi a única que compactuou com esse mito e tampouco de modo uniforme – a uniformidade é produto da história do vencedor, apagando justamente algumas figuras que colocaram em xeque o projeto colonial em diferentes esferas.

Antes de convocarmos essas vozes, queremos discorrer um pouco mais sobre como o mito da democracia racial ressoou na clínica psicanalítica. Tencionamos mais precisamente conversar sobre como esse mito foi pactuado pelos velhos psicanalistas para a construção de uma clínica sem corpo ou, dito de outra forma, que se sustenta na universalidade de um sujeito pensante, mas que tem na sua base um corpo branco, cuja presença se esconde no armário de seu consultório privado.

É nesse contexto que convidamos o nosso leitor a pensar um conceito que nos auxilia para a compreensão de como o mito da democracia racial opera sobre as subjetividades negras. Vamos chamar para a nossa roda Sueli Carneiro. Para ela, a democracia racial pode ser igualmente entendida como um dispositivo de racialidade. A sua definição desse dispositivo é uma boa chave de leitura para o entendimento do que será a natureza ideológica do conceito de democracia racial. Por essa razão, nos permitiremos citar uma passagem da obra de Sueli sobre o dispositivo de racialidade, cuja construção conceitual expressa o fino diálogo da obra de Sueli Carneiro com Foucault, para, em seguida, articular esse conceito com o mito de democracia racial: "uma noção produtora de um campo ontológico, um campo epistemológico e um campo de poder conformando, portanto, saberes, poderes e modos de subjetivação cuja articulação constitui um dispositivo de poder".[8]

O ponto é que a democracia racial pode ser entendida como um dispositivo de racialidade porque ela determina um modo de subjetivação inscrito no apagamento da origem racial das desigualdades materiais na mesma medida em que torna o modelo da branquitude a forma hegemônica de circulação e distribuição dos bens, tanto materiais quanto simbólicos. Na suposta democracia racial brasileira, o branco continua sendo o patrão – eita, um ato falho: quisemos dizer padrão – que dita toda a vida social. E isso é muito evidente nas instituições de psicanálise, em parte, ainda, das universidades, nos espaços de aparecimento e, também, como não poderia ser diferente, em alguns dos seus conceitos.[9] Afinal, a ausência de corpos negros e indígenas e de suas cosmopercepções em diferentes escopos dos processos formativos em psicanálise são notáveis. Isto é, a ideia de democracia racial esconde a parte socialmente precarizada no Brasil do ponto de vista do protagonismo político, material e epistêmico, aspectos indissociáveis, sobretudo quando pensamos na psicanálise.

---

8 Carneiro, 2023, p. 44.

9 Andrade, 2023.

Assim, na medida em que mantém intacto o privilégio de uma raça, no presente caso, a raça branca, no que diz respeito à determinação "dos poderes, saberes e modos de subjetivação", a branquitude mantém igualmente a centralidade da vida social. Em outras palavras, a não ser que assumamos o racismo e digamos que as cosmopercepções negras e indígenas não podem ser território para a psicanálise, porque a teoria psicanalítica se encerra naquilo que é uma produção europeia, somos obrigados a pensar que a democracia racial não se faz presente quando o corpo teórico e material ausente desses espaços é o corpo negro e indígena.

Se a democracia racial não existe do ponto de vista real, quais são, portanto, as suas implicações para a psicanálise produzida no Brasil? Seria possível uma clínica que não se implicasse com o fato de que a raça chega antes de qualquer outra coisa?

Acreditamos, caro leitor, que é preciso compreender a dimensão mais ampla do corpo negro, principal ênfase de nossa carta, no sentido de destacar como a corporeidade incide sobre a própria teoria psicanalítica. Isildinha Baptista Nogueira nos ajuda quando nos oferece "régua e compasso" para avançarmos juntas nesta discussão. Segundo ela, é possível constatar que o corpo físico, no caso das pessoas negras, não é apenas "o corpo que fala e o corpo sexual", mas "um corpo físico investido de um significante particular, a cor negra".[10] Esse significante, em conjunção com os demais fatores de fenótipo, se insere numa cadeia de significantes na qual o corpo negro é o núcleo e se antecipa a qualquer outra condição subjetiva. Primeiro a pessoa negra é identificada como negra. O corpo, tomado como um predicativo ou mesmo como objeto, é relegado ao negro, enquanto o branco se refugiaria na linguagem, em uma alma cujo corpo é suspenso e supostamente não racializado – o significante do corpo branco é um vazio, o corpo branco é uma imagem forjada no espelho, é relegado à angústia. Quando Isildinha aponta para o significante colado ao corpo negro, a contrapartida, ou seja, uma dimensão indissociável da possibilidade dessa montagem, é justamente o corpo branco suspenso pela linguagem, concebido como uma dimensão imaginária.

O argumento de Isildinha nos acompanha no sentido de deixar entrever as ressonâncias para o corpo negro – queremos sustentar que tais consequências são indissociáveis de uma forma de conceber o próprio corpo branco na teoria e clínica psicanalíticas.

---

10 Nogueira, 2021, p. 152.

Quando tratamos dos corpos negros e também indígenas, é difícil não reconhecer que os conceitos da psicanálise podem ser entendidos, quando expressões de um universal, no registro de certa opacidade. A opacidade, caro leitor, é algo que atravessa a psicanálise no que ela pode ofertar de narrativa de nós mesmos.[11] Há sempre algo que nos escapa – é o próprio inconsciente que, como diz Lacan, aparece como basculante. Mas, quando indicamos o vazio ligado ao corpo branco, indicamos também que essa opacidade universal não se aplica da mesma forma aos corpos negros e, inclusive, contribui para seu silenciamento. Se a opacidade é constitutiva, nesse contexto da experiência subjetiva humana, porque ela aponta para a dimensão do inconsciente, que jamais pode ser plenamente conhecido, no que diz respeito ao corpo negro a opacidade indica um limite ontológico. Por ser um corpo negro, a narrativa sobre si mesmo, levada a cabo num processo psicanalítico, não tem um limite apenas naquilo que é da ordem do inconsciente. O limite é também ontológico porque os conceitos da psicanálise não se aplicam adequadamente à experiência subjetiva das pessoas de corporeidade não branca. Em outras palavras, a opacidade em relação aos

11 Butler, 2023.

corpos negros está na impossibilidade de os conceitos da psicanálise operarem sem uma dimensão racial que pudesse abarcar corpos não brancos.

A diversidade racial, isto é, a corporeidade, que indica diferentes territórios, não é contemplada pela psicanálise. A opacidade, portanto, não é da pessoa negra em relação à narrativa que ela poderia fazer de si mesma, mas da pretensão de universalidade dos conceitos da psicanálise que, quando dirigidos aos corpos negros e indígenas, se mostram incapazes de acolher as suas experiências por negligenciar a centralidade e especificidades das suas corporeidades nos seus processos de subjetivação.

É nesse sentido, caro leitor, que a psicanálise negra brasileira tem produzido certas torções ou pelo menos obrigado a pensarmos que determinados conceitos da teoria psicanalítica devem ser repensados pelo prisma da racialidade. O ponto é que não é possível para pensadoras, como Isildinha Baptista Nogueira ou Neusa Santos Souza, simplesmente transladar os conceitos da psicanálise europeia para o Brasil sem considerar o território no qual estamos. Essa constatação se estrutura num duplo horizonte; por um lado, no reconhecimento de que a psicanálise é uma construção que se inicia no território europeu e, por outro, no reconhecimento de que no Brasil é possível perceber como a psicanálise pode ser entendida como um projeto da branquitude na medida em que não consegue servir adequadamente de esteio para a escuta de pessoas negras e indígenas.

Assim, a dissolução de uma democracia racial, a partir da qual se reconhece a clivagem significativa entre as raças, tem como consequência para a psicanálise brasileira a impossibilidade de operar com conceitos que poderiam se aplicar de modo indiscriminado às diferentes raças porque não haveria uma diferença entre elas cavada com a força dos fuzis da colonização. Com a dissolução da democracia racial, o Brasil deixa de ser um território neutro – calcado num corpo mestiço único ou numa fantasiosa correlação e mistura de forças entre as diferentes raças – para ser aquilo que lhe constitui na origem, a saber, um campo de resistência e disputa sobre o seu próprio significado.

É no encontro da psicanálise negra brasileira com a obra de Fanon que o conceito de sociogênese aparece para reorientar a gramática conceitual da psicanálise para o território onde as feridas e traumas não estão no registro do que pode ser explicado apenas pela ótica de quem é algoz. O caráter central do conceito de sociogênese, e o que explica que ele esteja presente primeiramente na obra das psicanalistas negras brasileiras, preocupada com as questões raciais, está na centralidade das condições territoriais a partir das quais são realizados os processos de subjetivação. A sociogênese de Fanon localiza territorialmente os conceitos da psicanálise e os inscreve em alguma medida no projeto colonial quando entendidos como universais.

É nessa perspectiva que convidamos o nosso leitor a perceber que o caminho que algumas psicanalistas brasileiras abrem pode ter uma dimensão ainda mais radical para a psicanálise. Por exemplo, quando Isildinha Baptista Nogueira indica que o inconsciente tem cor, ou quando Neusa Santos Souza afirma que no Brasil o ideal do ego é branco, elas estão mostrando que esses conceitos, ao não passarem por uma leitura racial, estão fadados a funcionarem de forma ideológica, porque reproduzem o projeto colonial da branquitude. Nesse sentido, mais do que evocá-las para pensar no silenciamento que esses conceitos produzem, é preciso apontar para sua sociogênese ligada à branquitude e, consequentemente, ao colonialismo. Caminhamos de mãos dadas com as mulheres negras, caro leitor, não apenas para denunciar a violência perpetuada pela psicanálise, mas para convocarmos a responsabilidade de seu próprio corpo, material e epistêmico, nessa lógica. Afinal, você também é racializado, não é mesmo?

O nosso ponto, caro leitor, não é mostrar a aplicação de aspectos raciais à psicanálise, como se ela mesma não fosse uma construção da branquitude e sobretudo da forma hegemônica com a qual aportou na estação Brasil. Não se trata de uma mera retificação pontual da psicanálise que a tocaria apenas tangencialmente, mantendo inabalável a sua base. A radicalidade que propomos na roda com as psicanalistas negras é a de pensar a psicanálise na sua articulação com o corpo do analista. Entendemos que esse corpo é um território que não pode ser esgotado na teoria psicanalítica a partir de uma concepção universal e abstrata. Do contrário, nos aliamos a uma das principais características do colonialismo, como nos ensina Nêgo Bispo, em uma analogia do colonizador com o adestrador: "Tanto o adestrador quanto o colonizador começam por desterritorializar o ente atacado quebrando-lhe a identidade".[12] Nesse sentido, não há uma escuta universal porque o corpo não é apenas um simples adereço, nem no que concerne aos corpos brancos escondidos no universal, nem em relação àqueles supostamente desviantes desse padrão. Todos os corpos são territórios, a despeito do discurso colonial se instituir como a tentativa de eliminar

12 Bispo, 2023, p. 71.

os territórios, assim como o adestrador transforma o ambiente do animal num espaço controlado para a própria finalidade de adestrar. Desse modo, entender a psicanálise a partir do território ou do próprio corpo do analista é informar não apenas sobre os corpos dissidentes, mas também sobre os corpos supostamente inexistentes de quem poderia escutar a partir de lugar nenhum ou do universal.

O que mostramos pela questão da raça são os limites da pretensão da psicanálise de se colocar de forma universal e, portanto, sem território, sem corpo. A raça não pode ser uma simples variável, em meio a tantas outras, num país marcado pela violência racial; ou seja, não basta discutir o racismo como um tema da psicanálise à brasileira, isso seria pactuar com o mito da democracia racial – é preciso pensar a racialidade como fundamento epistêmico de seus próprios conceitos teórico-clínicos. Desse modo, o fim do mito da democracia racial força a própria psicanálise a pensar o território sobre o qual ela se instala como teoria e prática.[13] O ponto é que no Brasil a raça é constitutiva das experiências subjetivas não apenas daqueles corpos que são

13 Siniscalchi, Dias e Helsinger, 2024.

o destino privilegiado da violência, mas também daquele corpo que acredita ser apenas um vetor por meio do qual a alma alcança uma capacidade de escutar sem corpo.

Por isso, quando pensadoras negras recorrem aos conceitos clássicos da psicanálise, elas o fazem menos para simplesmente endossar a abstração desses conceitos e mais para mostrar que o seu alcance só poderá ser condizente com o cuidado das subjetividades negras se ganhar território. Com essa compreensão, a seguinte passagem de Isildinha Baptista Nogueira é precisa: "A ideologia racial, portanto, se funda e se estrutura na condição universal e essencial da brancura, como única via de acesso ao mundo".[14] Ora, caro leitor, a psicanálise, quando impõe a universalidade dos seus conceitos, reforça o ideal da brancura ou branquitude e, por isso, longe de combater o racismo, endossa-o, porque estabelece um só caminho de escuta clínica.

A psicanálise sustenta o racismo tanto pela reafirmação da ignorância branca a respeito do seu próprio corpo como pela desconsideração da raça como elemento central na construção dos processos de subjetivação no território Brasil. O binarismo está no centro das questões raciais, mas ele

---

14 Nogueira, 2021, p. 117.

se desenlaça de modo diferente de acordo com a raça em questão. Isso porque a negação da centralidade do corpo negro na clínica com pessoas negras é um modo de esconder a própria brancura do analista e de suas instituições no Brasil.

O racismo, velho leitor, é uma das modalidades do binarismo colonial porque, à medida que tenta apagar a singularidade das pessoas negras, esconde o padrão hegemônico da branquitude com mitos, como o da democracia racial. Ele funciona como se pudesse retirar do branco o seu corpo, afinal, não é possível ser universal com carne, que é consumida pelo tempo, com o propósito de reduzir as pessoas negras ao seu corpo, como se elas não pudessem ter uma experiência que não fosse da imagem distorcida do que nunca serão, a saber, brancas.

Assim, se pudéssemos dizer em termos práticos, quando velhos psicanalistas denegam o binarismo da racialidade, seja abraçando os conceitos da psicanálise como se espelhassem a condição humana geral, seja negando que o corpo das pessoas negras é o significante que não pode ser desconsiderado de sua experiência subjetiva, eles afirmam uma psicanálise que seria supostamente universal, mas que reflete apenas o aspecto monocromático das instituições, das referências teóricas, dos espaços de psicanálise no Brasil e, especialmente, dos próprios conceitos psicanalíticos. Proceder desse modo é andar de mãos dadas com uma escuta supostamente sem corpo. Almas penadas!

É nesse sentido que para rejuvenescer é necessário entender que o corpo não é algo que pode ser abstraído de nossas experiências quando estamos falando de um território; a experiência é ela mesma corporeidade e, portanto, território. O que a psicanálise negra brasileira está nos ensinando é que você, velho analista, também tem corpo. Esse seu corpo também é um corpo-documento, como aprendemos com Beatriz Nascimento. Ele é um território ou uma geografia da memória.[15] E se você continuar a realizar uma escuta embotada para a sua própria condição, estará cumprindo a ideologia da branquitude ou da supremacia branca, mesmo que esteja em algum consultório no Brasil que não seja propriamente na Viena de Freud ou na Paris de Lacan. Afinal, é sempre possível estar no Brasil de frente para a Europa e de costas para a favela. Por isso, caro leitor, quando alguém preferir ser escutado por uma pessoa negra, não tomemos esse pedido como uma aliança criada pelo próprio universalismo: um pedido de igualdade de todas as almas fora dos corpos. A diferença está posta, mas está posta nos

15 Andrade, 2023.

corpos-territórios que carregamos – este pedido pode ser o pleito para que não esqueçamos a quem interessa uma escuta sem corpo.

Como sabemos que você que conseguiu chegar até esse momento do texto está no ofício de quem fareja a si mesmo e os caminhos pelos quais passou para ir por novas direções, vamos convidá-lo agora a pensar em outro binarismo. O de gênero.

3.2 GÊNERO E CORPO: O INCONTORNÁVEL NA EXPERIÊNCIA PSICANALÍTICA NO BRASIL

Ele gira no tempo, gira no sol
Sob as cores do arco-íris e a claridade do sol
Tempo ele é cobra, tempo ele é mulher
Na força da natureza, ele é oxumaré

Ponto de umbanda

Caro analista,

Muito embora seja evidente que uma das razões pelas quais você deva se interessar pelas discussões de gênero enquanto psicanalista no Brasil diga respeito à posição elevada nos *rankings* de assassinato de pessoas trans, nos altos níveis de feminícidio e outros tipos de violência de gênero, não é desse ponto que nosso argumento parte. Queremos convidá-lo a perceber que as questões de gênero merecem atenção porque são um aspecto constitutivo do que se designou, em articulação com a violência colonial, como cultura – que vestiria a materialidade irrecusável da natureza. Uma cultura, como sustentou o próprio Freud, ancorada na culpa. Antes que você nos acuse de culturalistas, como um atributo depreciativo, é preciso lembrar que não precisamos permanecer binários nem mesmo em discussões epistemológicas – culturalismo e naturalismo são dois lados da mesma moeda.

Certo dia, caro analista, ouvimos de um colega que as questões de gênero não contribuem para sua experiência clínica, uma vez que entre seus analisandos não figuravam muitos homossexuais ou transexuais. Perguntamos a você, caro leitor, você se considera um homem? Ou talvez se considere uma mulher? Você se relaciona com mulheres ou com homens? Se ao menos uma dessas respostas foi positiva, é preciso lhe dizer: as questões de gênero atravessam inevitavelmente sua prática porque se referem também ao seu corpo, e não é possível a experiência de viver sem corpo. Não porque seja, como talvez você tenha imaginado, fruto de uma naturalização dos corpos ancorada na divisão entre os órgãos sexuais e, por isso, natural e universal. Nem mesmo pelo fato de se tratar de uma questão cultural incontornável. A discussão sobre gênero nos interessa porque somos uma experiência corporificada.

Apesar de uma visada que se aproxima do culturalismo ter sido relevante nas primeiras discussões sobre gênero, sobretudo derivadas do pensamento de Simone de Beauvoir, um feminismo branco, nascido em território europeu, esse argumento se mantém muitas vezes em aliança com os binarismos. Isso porque, ao conceber o gênero como uma variante cultural e o sexo como uma invariante biológica, acaba-se por reproduzir os binarismos que são a base da própria cultura moderna europeia, tais como natureza e cultura, humano e não humano. Essa perspectiva fomenta uma espécie de concessão para discutir o gênero sob o prisma da cultura, deixando intacto o naturalismo dos corpos. É preciso lembrar que o naturalismo é ele mesmo ancorado no pensamento moderno e se configura como uma das bases do colonialismo e de uma noção de cultura que se pretende hegemônica e universal. Trata-se de uma cultura que relega os corpos à culpa, retirando sua potência disruptiva e consolidando, para usar uma expressão de Butler,[16] uma melancolia de gênero com corpos engessados pelas normas binárias.

---

16 Butler, 2003.

Na cultura judaíco-cristã, o abandono do corpo se deve menos pelo fato de que o corpo é natureza e, por isso, se opõe à alma, e mais porque é por meio do corpo que o ser humano, ao exercitar o prazer, se desvia ainda mais de Deus. Por um lado, o corpo humano, ainda que mostre um limite do ser humano em relação a Deus, que não tem corpo, é considerado sagrado, porque é por meio dele, mais precisamente na junção dos diferentes sexos no ato sexual, que se pode criar um ser, assim como Deus que cria toda a natureza. Isto é, o corpo humano pode criar outro corpo e neste exercício da criação se aproximar de Deus – é na redução da sexualidade à reprodução que o corpo é autorizado à existência, uma existência "natural". Por outro lado, é no corpo humano que reside o prazer, que é um duplo desvio. É um desvio da função natural do sexo, que consiste em apenas promover a reprodução, e é um desvio de Deus, porque o ser humano age em benefício próprio e se afasta de Deus, que, por não ter corpo, não age por prazer.

Com efeito, no ser humano dito civilizado, isto é, atrapado pela cultura moderna europeia, a alma se opõe ao corpo, mas de um modo muito particular, pois enquanto em Deus a natureza não tem o poder de atuar sobre o seu criador, nos seres humanos é precisamente a natureza, o corpo, que pode dificultar a realização plena da alma. O humano, dessa perspectiva, carregaria os atributos naturais, através de seu corpo, mas, para ser compreendido como humano e mais próximo de Deus, deve contraditoriamente abandonar o próprio corpo. Afinal, Deus não tem corpo. A ausência de materialidade em Deus, tomado como a *alma pater*, cria aquilo que lhe é oposto, a saber, a matéria, o corpo, aquilo que nasce e segue as mesmas leis. Numa palavra, a natureza.

Assim, o dualismo alma e corpo esconde um binarismo no interior do próprio corpo cujo desvio da sua função natural instaura o prazer como uma característica humana repugnante em face dos desígnios divinos. O ser humano, além de reconhecer que é impossível ser como o seu pai, porque possui um corpo perecível e fadado a desaparecer com a morte, é obrigado a reconhecer que o mau uso do corpo o afasta ainda mais de Deus. A culpa por não seguir o caminho do seu pai é ampliada com o exercício do prazer porque, diferentemente do corpo, que não é facultado ao ser humano não o ter, o prazer deve ser regulado – não foi nesse contexto que Freud teceu suas considerações sobre a sexualidade e a relação à histeria?

O prazer é reputado como algo do corpo, mas que desvia o corpo humano da sacralidade da reprodução. E a responsabilidade pelo governo do prazer é atribuída na tradição judaico-cristã à mulher. Essa responsabilização da mulher funda o binarismo de gênero para além de sua dimensão biológica e reprodutiva com fins de culpabilizá-la por aquilo que no ser humano é falta ou desvio de sua condição natural (expressa, por exemplo, no Jardim do Éden). Nesse sentido, o binarismo de gênero é indissociável da sustentação de um domínio de um gênero sobre o outro, assim como o binarismo racial foi fundado para promover o domínio de uma raça sobre a outra. O binarismo é, portanto, uma forma de estabelecer hierarquia e controle.

Aquilo que de algum modo é tácito na cultura judaico-cristã será reconhecido por Freud, que tem como um de seus pressupostos básicos a não redutibilidade do campo do instinto ao campo do sexual. Freud formula, talvez a partir desse dualismo natureza e prazer, presente na tradição ocidental, uma diferença epistêmica profundamente relevante do programa biológico da sexualidade. Recolhendo justamente os efeitos da moral sexual civilizada, sobretudo sob os corpos das mulheres em seu contexto, Freud abre um campo que nos faz revisitar as concepções vigentes de sexualidade e suas normas. Esse contexto remete a uma injunção discursiva e uma implantação da sexualidade na individualidade "natural" dos corpos através da constituição de uma ciência da sexualidade.[17] Nos termos de Laqueur,[18] trata-se de uma inflexão dos regimes de inteligibilidade do sexo: o regime da similaridade (modelo do sexo único ou monismo sexual) e o regime da oposição (modelo da diferença sexual ou binarismo sexual).

O primeiro, inspirado na filosofia neoplatônica de Galeno, concebia a mulher como um homem invertido que, pelo déficit de calor vital, não evoluiu até a conformidade da anatomia masculina, a norma única. Assim, os órgãos sexuais eram concebidos comparativamente a um modelo invertido: o útero era o escroto, os ovários, os testículos, a vagina, o pênis, e a vulva, o prepúcio. Muito embora seja evidente o juízo de valor, a diferença anatômica não se configurava uma diferença de qualidade entre espécies naturais, e sim como diferença de graus em uma mesma espécie. Essa questão se reformula com o naturalismo binarista.[19] O regime da oposição, hegemônico a partir do século XVIII, concebe qualquer variante ou mistura entre masculino e feminino como

17 Foucault, 2008.

18 Laqueur, 2001.

19 Ibid.

enganosa, ilusória – a um indivíduo cabe um único sexo, considerado ele mesmo natural e específico. Essa norma, como nos ensina Canguilhem,[20] é carregada de valores. A inversão não é atributo de uma diferença, mas uma patologia, e, por isso, ligada à orientação sexual. Nessa perspectiva, um indivíduo tem um verdadeiro sexo e apenas pode fazer semblante do sexo oposto; a inversão não é uma diferença de expressão da mesma condição anatômica, mas uma perversão sexual. É nesse contexto que passa a caber à medicina examinar cuidadosamente os corpos para revelar os verdadeiros sexos que se escondem sob os disfarces. Naturalismo, binarismo e ciência moderna andam de mãos dadas.

É nessa perspectiva, que podemos entender que o dispositivo analítico sustenta uma "função *psi*",[21] ancorada na imposição de disciplina aos desviantes sexuais. A psicanálise pode reforçar imperativos, com os quais ela supostamente se contrapõe, mas que funcionam em termos clínicos como mais um dispositivo de controle dos corpos em suas mais diversas territorialidades. Um dos exemplos mais notáveis disso trata da centralidade fornecida ao complexo de Édipo

20 Canguilhem, 2000.

21 Foucault, 2008, p. 106.

como regulador da sexualidade humana em geral. Em diferentes leituras da psicanálise, a dimensão edípica torna-se uma norma a partir da qual são traçados os desvios da sexualidade – essa discussão vem sendo tecida desde os anos 1960.

O que talvez ainda precisemos nos atentar, caro analista, é que esse dispositivo sexual é também a base da colonialidade, sobretudo na sustentação da divisão entre humano e não humano.[22] O regime de oposição é também um dispositivo de poder: não apenas entre homens e mulheres, mas nessa própria divisão oblitera uma atribuição de mais ou menos humanidade aos seres. A articulação indissociável entre modernidade e colonialismo fez do naturalismo um ponto de partida e a sustentação para normas sociais, dentre as quais repousa o binarismo em sua divisão entre humano e não humano, homem e mulher, corpo e alma. Nesse contexto, somente aquele que guardava a marca da cultura europeia poderia ser identificado com atributos de gênero: só se é homem e mulher quando se é civilizado. Trata-se, portanto, de uma divisão ancorada na materialidade dos corpos para justificar uma imposição de poder e agência.

Ora, não foi em certa medida a própria psicanálise que nos ensinou que o seu corpo de homem,

22 Lugones, 2014.

caro leitor, é atravessado pela pulsionalidade muito além do que a organização genital pode alcançar? Que se leve à radicalidade a própria psicanálise, mas, para tanto, é preciso mostrar onde a psicanálise encontra a colonialidade no que diz respeito às questões de gênero. Os corpos com os quais queremos fazer aliança são os corpos em seu entrelaçamento com o mundo, precisamente o corpo excluído pelo naturalismo. Mas que corpo é esse?

Freud, ao teorizar sobre a sexualidade infantil sob o prisma da universalidade abstrata, conforme afirma Anne McClintock,[23] acaba por obliterar as implicações de raça, classe e gênero presentes em sua prática. Ao se referir a um sonho com sua babá, relatado por Freud para Fliess e tomado como impublicável, McClintock[24] afirma:

> na teoria de Édipo, porém, a duplicação 'impublicável' da figura da mãe pela classe é ocultada pela divisão e atribuição, em separado, ao pai e à mãe de ambos os papéis (o poder da punição social e o poder de evocar o desejo sexual que Freud observa na babá). O duplo vínculo histórico da classe é assim

---

23 McClintock, 2010.

24 Ibid.

dividido para o pai e para a mãe como função universal de gênero.[25]

Nesse sentido, a centralidade do conceito de pulsão como contraposta ao instinto, quando ancorada em um universalismo abstrato, não deixa de, em certa medida, reproduzir o binarismo, bastante bem circunscrito pelos polos natureza e cultura. É nesse ponto que tomar a discussão sobre gênero como resolvida pelo campo pulsional (em suas diferentes concepções) é também se aliar, mesmo que não diretamente, à matriz binária do pensamento moderno ocidental.

Caro leitor, ainda que você possa ser resistente ao que estamos escrevendo aqui, é preciso iniciar de um solo comum: não é de hoje a crítica em relação à articulação entre sexualidade, pulsão, culpa e Édipo como estruturas conceituais universais e abstratas. Basta retomar o pensamento francês da metade do século XX para cá, que você deve conhecer muito bem, para encontrar uma variedade de discussões nos movimentos feministas, na filosofia, na antropologia e dentro da própria psicanálise, que apontam para os problemas engendrados por esses conceitos psicanalíticos e seus diferentes usos. Pode-se dizer que há

25 McClintock, 2010, p. 145.

um certo acordo no que concerne à dimensão edípica levada ao pé da letra como produtora de uma gramática psicanalítica dos valores da família burguesa, denunciados como adoecedores pela própria psicanálise. Destaca-se o fato de que a psicanálise poderia estar reforçando, com um dispositivo conceitual e clínico criado a partir desta mesma denúncia das neuroses da família burguesa, uma espécie de confissão permanente de um mesmo modelo de subjetivação cuja implicação está na produção de corpos dóceis, inclusive (e talvez sobretudo) no que concerne ao gênero.

Quando se trata de normas de gênero, inúmeros aspectos são confluentes, inclusive em outros âmbitos. A própria noção de gênero como conceito advém do campo da medicina nas décadas de 1950 e 1960 nos Estados Unidos, e foi utilizada com o objetivo de medicalizar as sexuações. Na década de 1970, essa mesma palavra foi reconceitualizada por pesquisadoras feministas, sobretudo brancas, com a intenção de desnaturalizar a feminilidade e denunciá-la como uma categoria normativa, tornando-se assim uma ferramenta crítica. O gênero, portanto, constitui-se como dispositivo de regulação de que os corpos sejam produzidos dentro de uma matriz binária e heterossexual compulsória, mas é também através da apropriação e questionamento das normas de gênero que se pode justamente abrir espaço para o deslocamento delas.

O gênero, que inicialmente foi circunscrito como uma verdade científica sobre a sexuação, em seguida, a partir de sua dimensão de construção social em oposição ao biológico do sexo, passa a ser discutido como uma norma regulatória da sexualidade e dos corpos.[26]

No entanto, na medida em que não é possível escapar das normas e o poder sempre produz resistências, a normatização do gênero, apesar de engendrar uma aparência estática, não suprime totalmente seu caráter múltiplo que ganha força justamente com a possibilidade de trazer os corpos territorializados à cena. É nesse ponto, caro leitor, que é preciso lembrar que as normas de gênero atravessam nossos corpos queiramos ou não e, para rejuvenescer, é melhor nos apropriarmos juntos delas.

Assim, o caminho rumo à morte, caro psicanalista, é não se atentar às questões de gênero, que aqui estamos traçando com a brevidade compatível com uma carta convidativa, e deixar em segundo plano a ruptura promovida pelo fundador da psicanálise. Envelhecer é se esquecer do convite que a própria psicanálise engendra no sentido

---

26 Butler, 2015.

de questionar as normas de gênero e o campo da sexualidade de sua época – e é nesse ponto que é preciso retornar no horizonte de nossa época às questões colocadas à psicanálise no que concerne ao gênero e à sexualidade. Apesar de esse já ser um argumento suficiente para que essa discussão lhe interesse, ainda temos um caminho a ser percorrido até o nosso território. Vamos antes passar pela França, quem sabe assim ganhamos sua atenção, já que adora "gastar" o francês numa conversa sobre psicanálise ou aproveitar um pouco do frio para fazer a sua foto de perfil nas redes sociais devidamente enrolado numa echarpe – perdão pelo tom agressivo, dois filhos de Ogum com a caneta na mão, por vezes, a confundem com uma espada.

Você deve estar lembrado, não faz muito tempo que alguns psicanalistas, não sem desconforto, foram convidados a pensar em suas belas teorizações sobre o masculino e o feminino em um evento dedicado justamente às mulheres. A tensão e a resistência em relação ao enfrentamento de seus efeitos normativos ficaram bastante explícitas nas diferentes reações diante do manifesto realizado por Paul Preciado[27] na Escola da Causa Freudiana em Paris. Mais do que a fala de Preciado, foram as reações que nos chamaram

27 Preciado, 2022.

a atenção. Afinal, é assim que os sintomas se revelam, nas reações. Textos de jornais mostram isso. Com efeito, a fala de Preciado não era uma coluna num jornal de grande circulação, mas um manifesto que porta uma severa crítica à psicanálise em um dos seus templos.

Notadamente, Paul Preciado é também um território. Como dissemos na última carta, mesmo as pessoas brancas têm o seu território, o que não quer dizer que tenham uma identidade, a qual, em geral, é posta a partir de alguma hierarquia das diferenças.[28] Ora, a fala de Preciado,[29] pessoa trans, foi dirigida aos psicanalistas para assinalar um verdadeiro "regime dominado pela diferença sexual"[30] e uma prática marcada por uma espécie de ortopedia do gênero que encontra abrigo na perspectiva falocêntrica e binária do ensino de Lacan. Dá para imaginar aqui o tamanho da enrascada tanto pelo território no qual essas palavras eram ditas quanto pelo território do emissor. Denunciando a monstruosidade de seu próprio território, Preciado fazia ressoar as palavras como inauditas naquele auditório repleto

---

28 Andrade, 2023.

29 Preciado, 2022.

30 Ibid., p. 16.

de analistas recatados e do lar, mas também provavelmente entre aqueles que, talvez tardiamente, tomaram seu manifesto como um convite.

O ponto de Preciado é que o regime de dominação calcado na diferença sexual se torna prescritivo de um modo único de subjetivação e excludente de qualquer diversidade – considerada, por conseguinte, patológica. Na plateia, alguns levantaram apressados, outros bateram palmas efusivas – a única pessoa trans no recinto era aquela que denunciava as atrocidades que a psicanálise ajudou a perpetuar ao engessar o masculino e o feminino sob os cânones da universalidade, aliando-se ao naturalismo. A singularidade do território de Paul Preciado tecendo as suas diferenças. Isto é, Paul Preciado, com a presença do seu corpo de uma pessoa transexual, escancara que não só "a mulher não existe", mas que o que escapa do regime binário sustentado pelo falocentrismo é da ordem da monstruosidade ou daquilo que não podemos identificar, ao menos não como semelhante.

Ora, caro leitor, muito embora a transexualidade não seja um fenômeno contemporâneo, como alguns querem fazer acreditar, você conhece algum psicanalista transexual? Quais seriam as possíveis implicações da sua resposta para essa pergunta? Uma saída possível diante dessa constatação consiste em reconhecer que a psicanálise e suas instituições já fizeram, e ainda fazem, muitos laços com a norma dominante, principalmente no que concerne à sexualidade e ao gênero – laços que resultaram na propagação e manutenção de situações de violência. Não levar às últimas consequências as denúncias da violência perpetuada pela episteme, instituições e práxis psicanalíticas no que concerne ao gênero e à sexualidade é se aliar a ela.

E aqui a nossa carta sai de Paris e chega ainda mais perto do nosso país. Vamos falar agora a partir do nosso território América Latina. Talvez para você não pareça ainda claro, uma vez que o naturalismo convence que o sexo é imutável e impositivo, mas as nossas cartas perseveram mesmo em mar revolto para lembrar que o binarismo, a modernidade e a colonialidade, como nos mostra Maria Lugones,[31] são inseparáveis. O ensinamento de Maria Lugones é de que essa aliança entre as normas de gênero e a colonialidade, embora incida de modo geral sobre o que se designou como mulheres, não procede de modo uniforme. Em outras palavras, embora a organização de gênero no sistema moderno/colonial seja um dos dispositivos de dominação e construção de um mundo naturalizado, cuja ancoragem recai sobretudo no dimorfismo

31 Lugones, 2008.

biológico, pela organização patriarcal e heterossexual das relações sociais, é fundamental notar que a própria categoria de mulher cumpre uma função específica que consiste em apagar outras experiências e vivências entre as próprias mulheres. O binarismo não serve de base apenas para a dominação das mulheres num sentido geral ou abstrato pelo padrão patriarcal e heteronormativo da branquitude. Trata-se de um processo de imposição de gênero que divide as mulheres na medida em que oblitera as mulheres colonizadas. É como se a construção de um mundo naturalizado, cuja ancoragem incidisse sobretudo no dimorfismo biológico, na organização patriarcal e heterossexual das relações sociais, naturalizasse mais corpos de certas mulheres do que de outras. O ponto que gostaríamos de sublinhar, em articulação com Lugones,[32] é que a categoria mulher é feita para domesticar alguns corpos mais do que outros. Assim, caso a psicanálise trate as mulheres de modo uniforme, corre o risco de não apenas reproduzir uma lógica binária como de, por meio do binarismo, desconsiderar que algumas mulheres, sob esta lógica, são menos mulheres do que outras.

Em parte da África, mais próxima de nós do que a Europa, reflexões sobre a colonialidade

32 Lugones, 2008.

confluem com aquelas produzidas na América Latina. Convidamos você, caro leitor, a ler Oyěwùmí[33] (que, provável e infelizmente, nem sempre está no percurso de uma formação em psicanálise ou mesmo nos bancos das universidades) e a descobrir a obra de outras pensadoras feministas não brancas. Acreditamos que elas certamente nos ajudam a perceber a extensão alcançada pelo sistema de gênero colonial/moderno cuja subjugação das mulheres não ocorre de modo uniforme. Essas pensadoras são territórios que permitem circunscrever vários aspectos da relação entre capital, trabalho e construção do conhecimento que está inscrita na noção de gênero. Para que você, caro leitor, tenha ideia das camadas do problema enfrentado, estamos aqui às voltas com o fato de que, no programa de computador em que digitamos essas cartas, há uma insistência em que o termo pensadoras seja corrigido por pensadores. Não poderia haver pensadoras no plural, muito menos se não fossem brancas e europeias – a obra de Oyěwùmí, anterior à de Judith Butler, por exemplo, só ganhou tradução para o português na década de 2020.

O que gostaríamos de sublinhar, junto com essas pensadoras, é algo mais radical: a mulher,

33 Oyěwùmí, 1997.

especialmente na lógica colonial, não é apenas a responsável por desviar, com a sua sedução, o homem do seu propósito de ser Deus, mas é ela mesma o próprio desvio, sobretudo quando é negra e indígena, aspectos que paradoxalmente as excluem da própria categoria de mulher. A imposição de uma episteme centrada na divisão entre homem e mulher tem como pano de fundo uma lógica binária, cuja raiz está na separação do corpo da alma, uma vez que a alma é reservada ao homem enquanto o corpo é reservado à mulher – corpo que, às mulheres que não cabem na lógica binária, fica reservado à monstruosidade e à violência. Assim, enquanto o homem, filho de Deus, separa a alma do corpo para se firmar como o único sujeito pensante, aos seus outros é relegada a inferioridade e até mesmo a existência que só serve de subsídio para afirmar a existência masculina como uma alma sem corpo. A alma penada à qual se dirigem as nossas cartas.

Sim, caro leitor, o dualismo corpo e alma também está na base do binarismo de gênero, assim como natureza e cultura, humano e não humano. Afinal, a tentativa de viver sem um corpo foi um dos pilares da construção da modernidade, ancorada, como dissemos, na culpa judaico-cristã, uma vez que garantia uma suposta universalidade e uma vida sem território. Um homem pensante que vaga pelo mundo é capaz de percorrer com as suas ideias e fuzis todos os territórios como se fossem apenas lugares dispostos a serem iluminados pela experiência de quem supostamente poderia viver sem o próprio corpo e se apropriar também do corpo das mulheres negras e indígenas que não cabem na definição de seu oposto.

Essa fantasia de viver sem o corpo autorizou não apenas a colonização dos territórios geográficos, daquilo que ganharia o nome do colonizador como marca da vitória da violência, mas também avançaria sobre o corpo-território que supostamente teria um déficit de alma ou razão. É sobre esses corpos-territórios que a violência colonial vai se abater, um corpo objetificado, a serviço do homem, como estariam a serviço do homem os territórios de povos não europeus. Anne McClintock traz diversas metáforas coloniais sobre a terra a ser conquistada (a natureza) e o corpo de mulheres. É nesse sentido que a violência de gênero é também um sustentáculo da colonização, visto que o que lhe governa é uma associação do corpo da mulher à natureza que deve ser violentada e explorada – e quanto menos próximo à cultura europeia e menos próximas de um conceito universal de mulher, isto é, no caso dos corpos de pessoas não brancas, mais naturalizada se torna a violência. É preciso, insiste Lugones, deixar de nos encantar com a "'mulher', o universal, para começar a aprender com as outras que resistem à diferença colonial"[34] por negarem em certa medida a própria categoria de mulher. Ora, se para Lacan a mulher não existe, na medida em que não se inscreve na cadeia de significantes organizada pela lei paterna, para Lugones, a categoria mulher deve ser esvaziada justamente porque ajuda a sustentar o pensamento categorial que invisibiliza e violenta para se fundamentar.

É justamente na experiência de pensadoras não brancas, supostamente apenas um corpo a serviço dos homens brancos, que encontramos a possibilidade de trilhar caminhos interessantes para reconhecermos a herança colonial da psicanálise e, quem sabe, promovermos outros caminhos mais próximos à experiência do nosso território. Afinal, como nos lembra Lugones, "Não se resiste sozinha à colonialidade de gênero".[35] E, para a nossa roda decolonial, convocamos mais uma pensadora importante neste debate e que deveria figurar em nossas leituras: a mulher negra e norte-americana Kimberlé Crenshaw segue a direção de Lugones quando introduz o conceito de interseccionalidade. Ela argumenta que as

34 Lugones, 2014, p. 948.

35 Ibid., p. 949.

categorias binárias de gênero acabam por destacar o dominante como norma. Portanto, a categoria de "mulher" seleciona como norma as mulheres brancas burguesas heterossexuais, ao passo que a categoria de "homem" seleciona os homens brancos burgueses heterossexuais, como também a categoria de "negro" seleciona os homens negros heterossexuais, e assim sucessivamente. Isso implica que o termo "mulher", tomado como universal em si, carrega uma dimensão racista, uma vez que escamoteia a brutalização, o abuso e a desumanização que a colonialidade de gênero implica para outras mulheres além daquelas brancas heterossexuais. Aqui a carta de raça se encontra com a de gênero.

Acreditamos que a criação das categorias de mulher e homem tem um caráter identitário que divide radicalmente os gêneros. Com efeito, em cada categoria de gênero existem diferenças que não podem ser negligenciadas, uma vez que a violência de gênero não ocorre de modo igual entre todas as mulheres. E aqui, caro leitor, a ideia de interseccionalidade nos ajuda. Seguindo com Crenshaw,[36] a importância de articular as categorias de gênero, raça e classe, o que se chama interseccionalidade, consiste menos em sobrepujar formas identitárias e mais em revelar o que se perde

---

36 Crenshaw, 2002.

nessas formulações. A interseção nos mostra uma lacuna quando a categoria "mulher" é enclausurada como um não território.

Portanto, é fundamental compreender a organização diferencial de gênero em termos raciais e de classe – ora, os dois pedaços desta carta se fazem um, mas também muitos. Ao conceber gênero e raça como indissociavelmente entrelaçados, recuperamos o corpo excluído pela lógica binária, um corpo pulsante e marcado pelo território. Um corpo de mulheres negras e nordestinas que foram as cuidadoras de grande parte de nosso país; a mãe negra da qual nos fala Lélia Gonzalez; o corpo dos homens negros que serviram de mão de obra para a construção de nossas cidades; a presença no mundo do corpo das pessoas trans ou não binárias que desnaturaliza em ato o binarismo e deflagra a potência de produção de outras formas de existir.

É na mesma roda dessas vozes que precisamos revisitar a aliança entre o binarismo e o colonialismo na psicanálise, e é por isso que as questões de gênero são incontornáveis na experiência psicanalítica no Brasil. Se a interseccionalidade nos mostra o que se perde, evidencia que o psicanalista, quando se alia ao universalismo abstrato, além do próprio corpo, perde a própria possibilidade de escuta da violência, sobretudo de gênero e raça, que se perpetua no território da colonialidade. É, portanto, na própria experiência analítica ancorada no território que encontramos uma aliança na tarefa de conceitualizar a lógica da interseção para, desse modo, evitar a separabilidade do pensamento categorial. Essa experiência, caro leitor, deve incluir aquilo que o binarismo ao mesmo tempo naturalizou e excluiu. É preciso devolver ao branco o corpo que Descartes "suspendeu" e reconhecer nas pessoas negras, mulheres, transexuais, pessoas não binárias, que o seu corpo já é alma naquilo em que o corpo é movimento. O corpo binário, naturalizado, precisa ser escondido, culpado, desterritorializado para funcionar enquanto uma ideia abstrata e normativa – o mito da democracia racial se alia ao mito do analista sem corpo.

É nesse sentido que reproduzir essa lógica é propagar a violência colonial que funda nosso próprio país, firmado com o estupro de mulheres negras e indígenas. Meu caro analista, o que estamos tentando mostrar é que a perpetuação de uma ordem e progresso se mantém numa contínua tentativa de produzir um epistemicídio da potência do que se refere ao outro do homem branco moderno e europeu.

O corpo culpado não dança, mas se esconde nas roupas padronizadas, atrás do divã, dentro das instituições – universaliza-se para se impor.

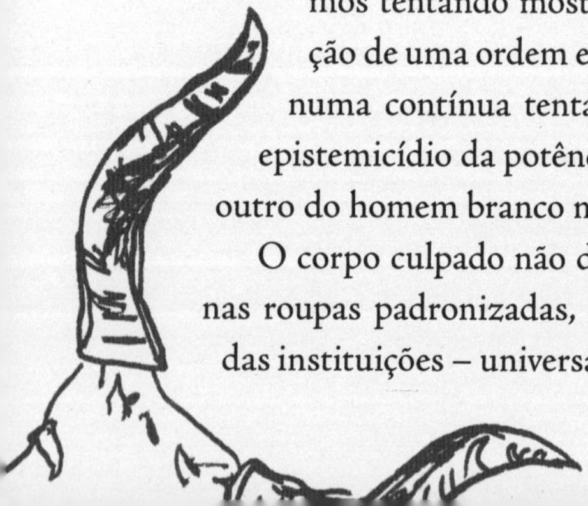

Se Nietzsche não podia acreditar em um deus que não dançasse, nós não concebemos um psicanalista que não habite seu corpo em movimento, seu corpo-território, corpo-documento.[37] É ao som do bravum, toque destinado a Oxumaré, cobra, arco-íris, homem e mulher, que o convidamos para construir uma psicanálise que dança.

37 Nascimento, 2022.

4

O CORPO É UMA RODA: O MUNDO COMO EXPERIÊNCIA COLETIVA

O que no corpo e na voz se repete
é também uma episteme.[1]

Caro leitor,

Feche os olhos: o que lhe vem à cabeça quando o convidamos a imaginar uma sessão de análise? Mesmo com todas as variações que a clínica psicanalítica experimenta, com a ampla discussão de psicanalistas que atuam no SUS e nas universidades, com os dispositivos virtuais e com a recente presença de coletivos em espaços públicos, apostamos que a primeira imagem que emerge em sua mente é a de um consultório privado. Uma sala de luz baixa entre quatro paredes cuidadosamente mobiliada – uma poltrona de um lado, outra de outro, e um objeto central: o divã. Em obras cinematográficas, em descrições literárias, e até em memes que circulam nas redes, o divã está lá como um objeto-fetiche, como um índice, uma marca registrada da psicanálise. Talvez essa imagem perca apenas para Freud com o seu charuto na mão. O divã

1 Martins, 2023, p. 23.

atravessa de modo recorrente o imaginário social e se torna quase uma obrigação para o reconhecimento de um espaço como um *setting* analítico.

Ora, caro leitor, essa repetição parece falar muito mais de um modo de conceber a psicanálise do que de uma representação fidedigna da experiência psicanalítica. O que essa imagem cristaliza? Como em uma iconografia, o convidamos a pensar sobre os pressupostos que a sustentam. Trata-se de uma cena que representa a psicanálise como uma prática que se realiza dentro de um ambiente fechado, controlado como um experimento laboratorial, capaz de ser reproduzido de modo similar em qualquer parte do mundo. Um experimento não é uma experiência no território, o experimento ocorre em um espaço isolado, em um lugar de onde ele se desenlaça – basta comprar um belo divã e bonitos quadros.

Mas, afinal de contas, o que repousa no divã? Não se trata de examinar a possibilidade ou não de uma clínica psicanalítica sem o divã – questão já discutida por diferentes autores e autoras, tampouco o que está em jogo é uma contribuição mais ampla de outros dispositivos que alargam e transformam o *setting* analítico. Esse tipo de discussão, por seu turno, muitas vezes foi engendrada a partir da ausência contingente do divã ou dos limites de seu uso. É sobre o que o divã comporta. O divã é um símbolo epistêmico. Uma decisão de estabelecer parâmetros para um processo clínico. Tal como um experimento, este se realiza, em certa medida, pela morte daquilo que é seu próprio objeto. O corpo que repousa no divã é um corpo morto.

Quanto mais a dimensão perceptiva é reduzida, mais espaço sobra para o que verdadeiramente interessa: a linguagem. O divã é, portanto, herdeiro de uma concepção de sujeito que pode ser apenas uma mente pensante, um pedaço de carne atravessado pela linguagem. Justamente esta que, entre a linguística de Saussure e a antropologia estrutural de Lévi-Strauss, nos separa da animalidade. Você pode argumentar, caro analista, que o estruturalismo é *démodé* e que não importa o autor de referência, pois corpo e afeto, para além da linguagem, tornaram-se centrais na psicanálise nos últimos anos. É verdade que o corpo se levantou do divã e apareceu nos consultórios através de sintomas não tão simbolizáveis como aqueles das tradicionais conversões histéricas – corações palpitantes e escarificações são cotidianos na experiência analítica. Velhos e novos analistas foram impelidos a alargar a concepção de um corpo encampado pela linguagem e a redimensionar aquilo que ela não alcança. Mas, de fato, nos confrontamos com as heranças modernas e coloniais da psicanálise em relação ao corpo?

Um dos aspectos que nos leva a questionar a herança colonial da psicanálise, no que concerne ao corpo, consiste na insistência de uma teoria da antropogênese, ou seja, uma teoria que procura conceber como os sujeitos humanos emergem no mundo que não os contém, que concebe o aparecimento do sujeito através de um processo de ruptura com relação ao mundo não humano. A construção do humano pressupõe uma distinção ontológica em relação ao que estava em jogo até então – há claramente uma ruptura entre antes e depois. Mas qual é o lugar da dimensão da corporeidade nessa equação? O humano permeado pela cultura, linguagem ou simbólico se afastaria da corporeidade animalesca para construir um corpo simbólico, um corpo que se separa daquilo que é experimentado como externo e passa, então, a representá-lo. O que não cabe nessa representação, o resto dessa operação, é inassimilável, é a angústia.

Trata-se de uma concepção de humano ancorada na divisão moderna entre natureza e cultura, que o destaca do mundo ao redor, da natureza, para concebê-lo como uma criatura muito especial que, com sua intelectualidade superior, pode domar a natureza. O resquício de um corpo naturalizado é esquadrinhado pelas diferentes especialidades da intelectualidade; é, portanto, dominado novamente pelo saber. Nessa lógica, ancorado numa referência abstrata universal, o humano é, como você vem acompanhando, o homem branco moderno e europeu. Aquele que justamente poderia prescindir do corpo para se refugiar no pensamento. Lembremos que a modernidade se funda em certa medida com um experimento proposto por Descartes, a partir do qual a certeza de que ele existe como alma pensante é tributária do abandono do corpo ou de sua suspensão.[2] O termo "alma" provém do latim *anima* – sopro, princípio vital. Ao colonizador, único animado pelo sopro divino, nada mais "natural" do que explorar o mundo ao redor que, objetificado, ganha vida pela ação dos "homens da mercadoria", para usar uma expressão de Kopenawa.[3] Ainda que Freud tenha infligido uma ferida narcísica nessa perspectiva, mostrando que o homem moderno não é senhor de sua própria casa e que sua tentativa de dominação da natureza é uma tarefa de Sísifo, as heranças modernas e colonialistas continuam ressoando, sobretudo no que concerne à dimensão da corporeidade. É, caro leitor, talvez Freud seja, em alguns pontos, mais cartesiano do que imaginamos.

Em determinados aspectos da obra freudiana, sobretudo aqueles que versam sobre as bases

---

2 Andrade, 2023.

3 Kopenawa e Albert, 2015.

da organização social, é possível perceber uma ênfase na questão da intelectualidade, relegando a segundo plano a sensorialidade.[4] É o que constatamos quando na própria obra de Freud, o desenvolvimento da civilização humana – articulado à religião de Moisés – está fincado no abandono da "atividade psíquica inferior que tinha como seu conteúdo as percepções diretas pelos órgãos sensórios".[5] No centro da argumentação freudiana, em uma de suas últimas obras, reside a compreensão de que a proibição moisaica elevou, nas suas palavras, "Deus a um grau superior de intelectualidade e produziu um afastamento da 'mãe para o pai'"[6] A partir dele, o homem abandonaria os "pensamentos mágicos" e destacar-se-ia do mundo, tornando-se "orgulhoso de maneira que se sente superior a outras pessoas que permaneceram sob o encantamento da sensualidade".[7] Trata-se de uma vitória da intelectualidade sobre a sensorialidade.

Essa perspectiva permeia grande parte da obra freudiana, tendo, por exemplo, uma linha

---

4 Klein, 2023.

5 Freud, 1939/1977e, p. 136.

6 Ibid.

7 Ibid., p. 137.

de continuidade com "Totem e tabu", de 1913, cujo subtítulo é "Alguns pontos de concordância entre a vida mental dos selvagens e dos neuróticos".[8] Tomado muitas vezes como uma teoria social, trata-se do texto freudiano cuja presença da antropologia evolucionista é notável, na medida em que faz uma articulação entre o que é chamado pela antropologia de animismo e a onipotência narcísica manifestada nos sintomas neuróticos.[9] Nesse texto, Freud[10] circunscreve o animismo como análogo ao pensamento primitivo, sendo sobreposto, mas não eliminado, pela organização totêmica, que funda a ordem do símbolo e instaura um corte entre natureza e cultura. É o assassinato do pai da horda primeva e o estabelecimento de uma fraternidade totêmica que circunscreve um limite à onipotência – a operação de identificação com o pai assassinado, figurada pela refeição totêmica, marca a sobreposição do primitivismo. Filogeneticamente, o animismo dá lugar ao totemismo; na ontogênese, a onipotência é barrada pela lei paterna, mas os sintomas neuróticos deixam entrever sua insistência.

---

8 Freud, 1913/2006.

9 Klein, Ferreira e Verztman, 2023.

10 Freud, op. cit.

Os sintomas neuróticos, nesse contexto, repetem a ilusão de onipotência infantil, dessa vez atravessada pela ordem totêmica, pela lei paterna. Partindo da divisão entre corpo sensível e alma, o animismo, interpretado como projeção da socialidade humana sobre o mundo não humano, permanece cativo de uma leitura "totêmica" ou classificatória. Em outras palavras, a ideia de que humanos e animais estão ligados por uma socialidade comum depende contraditoriamente de uma descontinuidade ontológica primeira que considera a excepcionalidade humana como ponto de partida – humano, nesse sentido, é sinônimo de homem branco, moderno e europeu, capaz de deslocar-se do primitivismo. Ora, animismo e totemismo são, portanto, duas faces da mesma moeda – moeda feita do ouro manchado de sangue do colonialismo.

Assim como o ímpeto colonizador, a atribuição de alma às coisas, que caracteriza a concepção de animismo, é substituída por um aparato anímico que se esforça para dominar os objetos externos e os impulsos internos, sem nunca dar cabo desta tarefa, como sabemos. O corpo é, nesse contexto, uma imagem atravessada pelo simbólico separado do resto do mundo que, por sua vez, é alcançado pela percepção, atividade que tem como contrapartida a representação. Só é possível perceber de fato o que se pode representar. O resto é resto.

Ora, a dimensão experimental a que a imagem centrada na figura do divã nos remete se alia a esse afastamento do mundo – a concepção de um sujeito separado do mundo objetificado, diferenciado da natureza pela cultura, é análoga à centralidade do divã no *setting* analítico. O corpo estendido no divã é o corpo que pode ser abandonado, cujos sentidos e sensorialidade devem ser suspensos para que a linguagem como fala tome o protagonismo no processo clínico. Novamente, estamos às voltas com a posição colonial de conceber tanto o analista quanto o paciente como se não fossem um corpo. Mas que corpo é esse que poderia ser suspenso ou desconsiderado no processo psicanalítico?

É, caro leitor, não se trata de qualquer corpo. O corpo que está em jogo naquilo que é a sua negação, presente na compreensão de que tanto o corpo do analista quanto o do paciente não são relevantes no processo psicanalítico, é determinado corpo. Um corpo específico. Um corpo que se remete à imagem do famoso quadro de Rembrandt, "Aula de Anatomia". Um corpo que guarda a pretensão de funcionar como uma máquina cujas partes atuam de forma autônoma. Como se o mundo pudesse ser apenas um objeto dissecado pelo olhar daquele que o disseca. Como se o ser humano fosse um pintor que vê o mundo como uma estrutura fragmentada.

O pintor do quadro de Rembrandt confunde-se com o próprio cientista retratado por ele porque ambos exercem pela visão o controle de um corpo fragmentado e exposto sobre uma cama que bem poderia ser um divã. O divã, nesse contexto, ao retirar o campo da visão da relação entre analista e analisando, ao mesmo tempo em que permite abrir espaço para o que não está encerrado no campo visual, reafirma a centralidade desse sentido, porque faz coincidir a suspensão da visão, como se esta fosse equivalente a todo o campo perceptivo, com a centralidade da linguagem verbal – ora, se a prioridade deve ser da linguagem, o corpo aqui é pensado, sobretudo, como olhar. Trata-se de um corpo que é apreendido e apreende o mundo, sobretudo pela visão – justamente esse sentido, cujas pálpebras serviriam de cortinas controladas pela razão para se distanciar do mundo. Os corpos não vistos são corpos que se espalham pelo mundo, são corpos sem contornos, relegados à loucura e à subalternização. O que está no centro é o primado da visão na percepção humana que, por seu turno, está fortemente ligada à concepção grega, segundo a qual a visão é o principal sentido. Seguindo em companhia de Oyewùmi,[11] "as diferenças do corpo humano, em termos de sexo, cor da pele e tamanho do crânio são um testamento do poder atribuído à visão. Olhar é uma invenção para diferenciar". O corpo que o olhar quer fixar é um corpo cuja pretensão é se separar do mundo, um corpo objeto, um corpo que se tem e que, por isso, pode permanecer imóvel para que a alma se expresse.

Ora, quando o projeto moderno e colonial impõe uma compreensão da visão como o sentido mais importante, ele cria formas de fragmentar o corpo. O paradoxo é que o privilégio da visão se ancora em uma perspectiva fragmentária do corpo cuja própria imagem seria a única forma de reuni-lo em uma unidade. O nosso ponto aqui é que está presente a lógica colonial de que um sentido poderia estar desvinculado dos outros. Como se a gente pudesse decompor os sentidos e colocá-los numa hierarquia. Essa noção fragmentada dos sentidos, debitária da compreensão dividida do ser humano, entre funções da alma e do corpo, está no centro de diferentes teorias psicanalíticas. É justamente por isso que a retirada da dimensão visual propiciaria melhor o aparecimento das fendas dessa totalidade. A unidade corpórea aqui seria uma imagem virtual, uma criação do olhar

11 Oyewùmi, 2018, p. 308.

para assegurar fronteiras em relação ao mundo. Trata-se da construção da ilusão de um corpo próprio, protegido da intencionalidade das coisas.

Nesse contexto, o corpo é de saída fragmentário – a palavra e a visão precisam uni-lo numa imagem. O estádio do espelho enquanto formação de uma imagem especular de si é uma alegoria do abandono do corpo sensível, considerado fragmentado. É a imagem especular que reúne o corpo, uma imagem que, atravessada pelo Outro, desloca-se da carne para dar lugar ao sujeito marcado pelo significante. Você pode, caro leitor, caso se considere freudiano, alegar que se trata de uma leitura particular da obra de Freud, realizada por Lacan a partir da influência do pensamento de Wallon, da antropologia estrutural, da linguística, e é importante lembrar a dialética hegeliana tão contemplada por Lacan através de seu mestre Kojève. Mas é preciso lembrar que o "esquecimento do corpo" se concretizou principalmente a partir da articulação da obra freudiana ao pensamento hegeliano, o que constituiu uma espécie de antropologia filosófica em cujo centro está menos o corpo numa dimensão fenomenológica e mais um corpo, que é secundário, em relação à potência da linguagem.

É interessante pensar que o mito de Narciso, evocado por Freud em 1914 para versar sobre a constituição do eu e de seu ideal, é retomado no

Brasil para sustentar alguns pontos sobre a branquitude desde os anos 1990, com Cida Bento, e o pacto narcísico de que já lhe falamos em outras cartas. O mito parece retratar bem a ideia de pessoas brancas presas na imagem daquilo que é universal – uma paixão pela própria imagem. É também através desse mito que Grada Kilomba[12] nos lembra do fato de que Narciso se apaixona por uma imagem sem corpo. É curiosamente em uma videoarte (*Ilusões* vol. 1 – Narciso e Eco) que Kilomba sustenta que o corpo, nesse contexto, é relegado à ilusão de uma imagem que, por sua vez, se abstém do mundo ao redor, tornando seus outros apenas o Eco de si mesmo. Não é à toa, nos lembra Kilomba, que Eco é uma figura feminina, que serviria para sustentar a onipotência de Narciso centrado em sua própria imagem. Narciso se apaixona por uma imagem sem corpo, um corpo que pode estar ausente, pois é uma representação universal. Eco, ninfa que, ao ser condenada a duplicar as palavras do fim das frases e a devolver os termos que ouve, também é destituída de seu corpo. O feitiço que imobiliza Eco é relembrado no plano musical ao entoar trechos da canção *I Put a Spell on You* (Lancei um feitiço sobre você), imortalizada na voz de Nina Simone.

---

12 Kilomba, 2016.

Djamila Ribeiro[13] nos lembra de que as obras de pensadoras não brancas fazem o feitiço virar contra o feiticeiro ao nos convidar a olhar para além de uma imagem estática no espelho e entrar em contato com o corpo que foi deixado de fora dessa equação.

Assim como no mito de Narciso, o privilégio da visão e sua confluência com a constituição de um corpo separado do mundo, um corpo que se tem para abrigar a alma, é um corpo exclusivo de um humano – os corpos excluídos desse olhar são mortificados, apartados do sopro da vital. Procurando se distanciar da ameaça da intencionalidade do mundo, o homem moderno, branco e europeu, destitui a alma não apenas das coisas, mas também de toda dimensão alteritária que ameaça a ilusão de unidade e separação do mundo de seu corpo fragmentado – o pacto narcísico tem um alcance maior do que o próprio espelho atesta.

Ora, caro leitor, para começarmos uma experiência para além do espelho, é interessante relembrar uma conhecida parábola de Lévi-Strauss[14] sobre o processo de colonização nas Antilhas. Conta o antropólogo que, enquanto os espanhóis investigavam a ausência ou presença de alma nos corpos indígenas através da conversão,

---

13 Ribeiro, 2020.

14 Lévi-Strauss, 1952/1993;1955/2020.

estes últimos tratavam de submergir os brancos para verificar se seus corpos apodreciam tal como os corpos de seus semelhantes. Enquanto para os europeus as possibilidades de semelhança e diferença eram atributos da alma, para os indígenas, a problemática residia no corpo. Os europeus parecem não ter colocado em questão o corpo, afinal, os animais também o têm. No que concerne aos povos originários, a alma dos europeus não foi o ponto de dúvida – os animais, alguns artefatos e espectros dos mortos também são animados.[15] Conforme indica Viveiros de Castro,[16] "a despeito de uma igual ignorância a respeito do outro, o outro do Outro não era exatamente o mesmo que o outro do Mesmo".

Antes que alguém retruque, não se trata de recorrer à antropologia ou mesmo a estudos etnográficos para desfazer questões do campo psicanalítico. Meu caro leitor, a psicanálise sempre foi permeada, ao longo de sua história, pelo diálogo com outras áreas. O que é importante atentar é que é preciso fazer um caminho a partir das referências que não estão necessariamente no mesmo campo do Ocidente – trata-se menos

---

15 Viveiros de Castro, 2015a.

16 Ibid., p. 36.

de fagocitá-las, como em um extrativismo epistêmico, e mais colocar nosso próprio campo em perspectiva e em transformação. Ou seja, trata-se de uma possibilidade de revisitar nossa própria imagem quando refletida para além do espelho, um movimento antinarcísico por definição. Assim como o perspectivismo ameríndio, outras concepções de mundo evocam tanto a economia da corporeidade quanto a possibilidade de circunscrever algumas das implicações do estatuto não marcado da dimensão virtual (a alma) dos existentes como poderosas estruturas intelectuais capazes de não apenas servir como contraponto, mas de contradescrever a imagem projetada pelo pensamento moderno ocidental, e, por essa via, devolver-nos "uma imagem de nós mesmos na qual nós não nos reconhecemos".[17] Essa visada etnoepistemológica aponta para um antinarcisismo – ao menos enquanto pensado como onipotência –, posto que a perspectiva do outro nos devolve outra forma de nós mesmos e, sobretudo, convida os corpos a saírem do divã para pisar no território e compor uma roda.

O que sublinhamos, caro leitor, é que não apenas o indivíduo é uma criação ocidental,[18]

---

17 Viveiros de Castro, 2015a, p. 41.

18 Andrade, 2023.

como também, ao colocarmos em perspectiva esse próprio indivíduo por outras cosmospercepções, a corporeidade é extensiva. Poderíamos apresentar outras tantas perspectivas nas quais não há a centralidade dos indivíduos na mesma medida em que o corpo singular é igualmente o corpo coletivo. E com essas palavras não pretendemos "refutar" a compreensão do corpo calcada na noção de indivíduo para substituir por outra que seria a melhor, mas justamente deslocar a ideia de que há uma única forma de ler a corporeidade como uma expressão do universal.

Para iniciarmos essa roda com outras cosmospercepções, é interessante ressaltar, como nos mostra Viveiros de Castro,[19] que grande parte das narrativas ameríndias apontam para o processo pelo qual os seres que eram humanos deixaram de sê-lo, perderam sua condição original. Estamos, portanto, nas antípodas de nossa mitologia moderna. Para nós, o fundo comum entre os humanos e os outros animais é a animalidade, ou a natureza, mas não a humanidade. Como ressaltamos em outras cartas, um dos binarismos-base do pensamento moderno, a separação entre natureza e cultura, sustenta que os humanos são uma espécie animal, mas não exatamente "entre

---

19 Viveiros de Castro, 2015.

outras", pois somos dotados de uma coisa a mais: a cultura ou a linguagem. Os instintos, por trás das camadas de verniz, que são a cultura, constituem nosso fundo animal – a cultura daria então um contorno apolíneo para a animalidade. Inversamente proporcional à ontologia naturalista dos ocidentais, a ideia basilar contida no perspectivismo ameríndio é considerar a cultura como algo universal – no sentido desse compartilhamento de relações de sociabilidade entre humanos e não humanos – e a natureza como múltipla. A intencionalidade, circunscrita pela ideia de espírito, seria o elo comum entre os seres humanos e não humanos que se assemelham não pela radical divisão ou pela homogeneidade do que exprimem ou percebem. Todos os seres, dotados de intencionalidade, não são iguais e se diferenciam pelo corpo. Nesse sentido, as percepções e o olhar de um ser sobre o outro estão diretamente ligados à sua roupagem, ou seja, ao seu corpo.

Ora, se a roupagem é aquilo que varia de um ser para o outro, é preciso vestir-se do outro para acessá-lo – destaca-se o papel do xamã nesse contexto. Sem nos aprofundar muito, o que nos interessa é uma possibilidade de deslocamento do relativismo e do universalismo que a concepção de uma continuidade metafísica e descontinuidade física engendra. Com a concepção de um espírito comum e a especificação através do corpo, o perspectivismo ameríndio sustenta o multinaturalismo e a pluralidade ontológica. Nesse contexto, enquanto os antropólogos, ancorados em uma perspectiva moderna, realizariam uma comparação explícita entre os diversos modelos de concepção do mundo a partir do que consideram aspectos culturais dos nativos, o perspectivismo ameríndio pressupõe "[...] uma comparação implícita entre os modos pelos quais diferentes espécies de corpos experimentam 'naturalmente' o mundo como multiplicidade afetual".[20] As diferenças entre os pontos de vista ou corpos consistem justamente no fator que sustenta a multiplicidade de perspectivas. Não se trata, todavia, de um multiculturalismo que asseveraria um ponto de vista subjetivo de diferentes espécies: "o que ele afirma não é a existência de uma multiplicidade de pontos de vista, mas a existência do ponto de vista como multiplicidade",[21] e o ponto de vista é o corpo no mundo.

Ainda seguindo as observações de Viveiros de Castro, a relação com a "identidade" e a compreensão da coletiva é de outra ordem na prática dos

20 Viveiros de Castro, 2013, p. 104.

21 Ibid., p. 105.

povos indígenas. Segundo Viveiros de Castro,[22] "a inconstância da alma selvagem, em seu momento de abertura, é a expressão de um modo de ser onde é a troca e não a identidade, o valor fundamental a ser afirmado". Isto é, caro leitor, a identidade calcada na noção de um indivíduo não é afirmada pela dimensão do indivíduo, mas é no sistema coletivo de troca em que se afirma a própria prevalência do coletivo nas relações interpessoais. É por isso que Eduardo Viveiros de Castro afirma um pouco mais à frente no mesmo texto que "a afinidade relacional, portanto, na identidade substancial, era o valor a ser afirmado".[23]

O corpo não é, portanto, algo que o ser humano tem acidentalmente, e que é da mesma natureza dos demais seres por ser apenas um corpo mecânico, mas ele é aquilo que nos conecta com o que somos enquanto uma experiência possível e coletiva de mundo. Talvez por isso Merleau-Ponty[24] tenha sublinhado que "Uma psicologia é sempre levada ao problema da constituição do mundo". Esse filósofo consiste em um aliado interessante para pensarmos a dimensão da corporeidade

---

22 Ibid., p. 178.

23 Viveiros de Castro, 2020, p. 179.

24 Merleau-Ponty, 1999, p. 93.

em seu entrelaçamento com o mundo, distanciando-se do solipsismo de Narciso, nas suas palavras:

> Estamos verdadeiramente sós apenas sob a condição expressa de não o sabermos. Essa ignorância é a nossa solidão (...). A solidão de onde emergimos para a vida intersubjetiva não é a da mônada; é apenas a névoa de uma vida anônima que nos separa do ser e a barreira entre nós e o outro é impalpável.[25]

Não somos mônadas ou substâncias individuais, como se pudéssemos ser separados uns dos outros. Esse é o ponto central. E, mesmo que você, caro leitor, não seja habituado com o vocabulário filosófico, o que a passagem nos revela é que não somos seres isolados uns dos outros, como se fôssemos substâncias separadas – a ilusão não é o corpo propriamente dito, mas seu isolamento do mundo. Assim como o nosso corpo integra todos os sentidos, a nossa corporeidade não nos separa do mundo numa camada cujos contornos fundariam uma unidade absoluta ou uma mônada, como chama Merleau-Ponty num diálogo com a filosofia de Leibniz.

---

25 Merleau-Ponty, 1980/1959, p. 254.

A corporeidade não é entendida na sua fragmentação em diferentes sentidos, como se cada um pudesse funcionar de modo independente e isolado. No corpo, como nos ensina Merleau-Ponty, "a experiência visual e a experiência auditiva, por exemplo, são pregnantes uma da outra",[26] visto que os sentidos integram uma totalidade perceptiva. Trata-se de uma perspectiva orgânica da percepção humana que ocorre entre o corpo e o mundo – uma espécie de holismo sensorial. Ou seja, os sentidos só funcionam na sua totalidade e a compreensão de sua atuação na construção da percepção não pode ser entendida por eles individualmente e desconectada do próprio mundo.

Nessa direção, é notável que o corpo não é aquilo que se opõe às nossas vivências subjetivas, como se elas não estivessem subsumidas no corpo ou como se elas não fossem a própria experiência enquanto corporeidade. É por isso que quando nos referimos ao nosso corpo não estamos falando de, como pontua Merleau-Ponty:[27]

> um objeto entre todos os outros objetos, um complexo de qualidade entre outros, ele é um objeto sensível a todos os outros,

---

26 Merleau-Ponty, 1999, p. 315.

27 Ibid., p. 317.

> que ressoa para todos os sons, vibra para todas as cores, e que fornece às palavras a sua significação primordial através da maneira pela qual ele as acolhe.

O corpo não é um objeto que poderia ser suspenso no processo de análise, ou mesmo num processo filosófico,[28] uma vez que é por meio dele que experienciamos o entrelaçamento com o mundo. Se pudéssemos resumir, na esperança de sermos um pouco mais claros, o corpo não é o somatório dos sentidos, mas integralidade dos sentidos que se entrelaçam com o mundo e dão contorno para a nossa experiência. Na mesma direção de Antonio Simas quando versa sobre as religiões de matriz africana, a corporeidade "não engloba só a motricidade (entendida como corpo e movimento), mas também envolve dimensões afetivas, intelectuais, sociais e espirituais do ser humano".[29]

É notável que a confluência que marca todos esses apontamentos é uma compreensão da corporeidade como a expressão que não diz respeito a um limite ou àquilo que estabelece um limite – uma corporeidade extensiva. A corporeidade é uma abertura que não se resolve na dimensão

---

28 Andrade, 2023; Klein, 2023.

29 Simas, 2021, p. 43.

motora do corpo e nem na sua imagem especular. Por isso, meu caro leitor, longe de ser uma espécie de receptáculo das neuroses de histeria, ou algo que não tem vida própria, a corporeidade não é apenas o lugar onde algo se manifesta enquanto resto do conflito psíquico, mas a própria experiência na sua plenitude. E a plenitude dessa experiência está ligada, por um lado, à integralidade sensorial do corpo (holismo sensorial) e, por outro, na compreensão de que esse corpo é o mundo no que ele tem da carne de nossa carne.

Talvez o corpo possa ser entendido, como sugere a pensadora Beatriz Nascimento, como um documento ou como aquilo com o qual nos relatamos como nós mesmos. O nosso corpo é a nossa história ou uma geografia da memória.[30] Quando o corpo dança, ele se integra à sua própria história em que a ancestralidade ou a forma de contar essa história da corporeidade que somos é feita pelo corpo como instrumento percussivo. Por isso, no candomblé, por exemplo, os rituais estão assentados no corpo e nele se manifestam, de sorte que ele é o próprio templo e é igualmente: "um instrumento de comunicação performática do orixá".[31] A dança realiza a performance na qual "o tempo

---

30 Andrade, 2023.

31 Klein, 2023, p. 217.

e o corpo se entrelaçam"[32] sem que haja uma rigidez entre o interno (a pessoa singular) e o externo (o mundo). O corpo, neste contexto, é também o mundo que sente. Quando dançamos somos a um só tempo: corpo, coletivo e singularidade.

O corpo que se faz como roda, como em um xirê, no qual os corpos de entrelaçam com os orixás, os atabaques e uns aos outros, formando coletivamente uma experiência sensorial comum. Assim, se compreendermos que a ancestralidade é, no dizer de Uã Flor na companhia de Eduardo Oliveira, sempre relacional,[33] é possível pensar que ela integra o corpo à sua própria memória afetiva na sua relação com o mundo. O corpo não é, portanto, algo que o ser humano tem acidentalmente e que é da mesma natureza dos demais seres por ser apenas um corpo mecânico, mas ele é aquilo que nos conecta com o que somos enquanto uma experiência possível de mundo. O ponto é que as relações coletivas, entendidas aqui como entrelaçamentos de corpos com o mundo, informam a própria compreensão do indivíduo – ou seja, só se pode habitar um corpo porque se é um corpo coletivo, um corpo em roda.

---

32 Ibid., p. 218.

33 Flor, 2022, p. 42.

Nesse contexto, as religiões de matriz afro-brasileira nos lembram que o corpo é também um corpo-território,[34] corpo em confluência com os orixás e os próprios terreiros, e, longe de ser mortificado ou petrificado em uma imagem, é, como nos lembra Antônio Simas,[35] um corpo encantado. É o que também está presente, por exemplo, no conceito de ubuntu, que coloca em perspectiva a nossa própria concepção moderna de humano e natureza, uma vez que a própria corporeidade é extensiva ao território.[36]

Ora, nós psicanalistas, mimetizados pelo espelho de Narciso, parecemos muitas vezes acreditar que somos seres pensantes sem corpos, seres de linguagem que devem abandonar seus corpos nos divãs. Definitivamente, meu caro leitor, conceber uma psicanálise sem corpo é inevitavelmente uma aliança com a identidade do indivíduo branco, moderno e europeu; é ficar preso no seu próprio espelho. E isso implica dizer que não podemos tampouco nos pensar, nós, psicanalistas, sem corpo. Não um corpo que aponta sempre para uma unidade, ou seja, não um corpo próprio,

---

34 Florêncio; Klein, 2024.

35 Simas, 2021.

36 Flor, 2022.

mas um corpo que se entrelaça com o mundo. Esse entrelaçamento com o mundo é a experiência de nós mesmos sem a qual a própria compreensão de nossa singularidade de algum modo fica comprometida.[37] É preciso dizer o que, para muitas tradições, pode parecer óbvio: o analista também é corpo. Não tem corpo, enfatizamos, é corpo – e ele se faz território na clínica.

É com o corpo extensivo que, na experiência analítica, se torna possível fornecer contorno para a violência que retira a vitalidade do pertencimento ao corpo-território, como nos ensina Ariel, pessoa não binária, negra de pele clara e moradora de uma favela na capital de um estado do Brasil. Atendida em um consultório cujas quatro paredes são permeadas pelo mundo, por vezes de maneira perturbadora, Ariel se senta no sofá e passa longos tempos em silêncio – "às vezes eu fico na dúvida se venho aqui para falar ou para aproveitar o silêncio". É curioso que os sons ao redor do espaço que compartilhamos se tornam extremamente destacados quando estamos juntas. Filha de uma mãe que migrou jovem do interior da Paraíba para trabalhar como doméstica em casas de família e um pai que abandonou a mulher com duas filhas pequenas, cresceu na favela, onde ainda mora

---

37 Merleau-Ponty, 1999.

e trabalha em uma escola. Os sons das motos e dos tiros contrastam com o barulho alegre das brincadeiras com as crianças que Ariel cuida como professora. Quando criança, sem uma rede de apoio, Ariel circulava de casa em casa enquanto sua mãe cuidava de crianças na zona nobre da cidade – as memórias das violências atravessadas nessa época, sexual, física e outras inclassificáveis, são difusas. Ariel lembra apenas de uma dor de ouvido inexplicável, que a levou de médico em médico e só deu trégua quando sua irmã mais velha passou a ficar com ela em casa enquanto a mãe trabalhava – mesma irmã que foi a ponte para que Ariel chegasse até mim.

Nesse dia, Ariel escolheu ficar em silêncio – silenciosamente, nos divertíamos com os ruídos das cigarras que despertam com o amiudar no dia. O som é tinhoso, penetra os corpos desrespeitando os limites – um vizinho coloca na máxima altura um *rock* pesado. Ariel se desconcerta, não sabe se vai embora ou se fala sobre o incômodo. Silêncio. Alívio. Recuperando nosso espaço, um ruído nos faz rir – um ronco da barriga. "Foi um pum?" Ariel diz que não e se pergunta de qual barriga veio o barulho – rindo começamos a conversar sobre como os ruídos dos corpos são engraçados. Silêncio. "Antes eu queria esquecer que tinha corpo, queria habitar um lugar bem longe e silencioso", diz Ariel. Terminamos a sessão alegres por ter atravessado um *rock* pesado, dividido um ruído misterioso e, por fim, lembrarmos que podemos habitar nossos corpos – ambos de raças e classes distintas compartilhando e compondo o espaço que nós mesmas somos.

Ora, se o corpo de Ariel e da analista são corpos entrelaçados no mundo, como conceber a experiência analítica circunscrita por dois corpos centrados em si? A experiência analítica, quando comporta a dimensão da corporeidade em sua centralidade, nos lembra que é também território. Com essas considerações convidamos a dar mais um passo. É notável que um dos pilares da formação, das teorias psicanalíticas, e do início do seu percurso na psicanálise é centrado na construção daquilo que até aqui estamos colocando em questão, a saber, o indivíduo. Você pode argumentar, caro leitor, que, em psicanálise, não se trata de um indivíduo, mas do sujeito do inconsciente. Não estamos desavisados, mas, nesse contexto, a diferença entre o indivíduo e o sujeito do inconsciente é menos importante do que suas semelhanças – a noção de um sujeito que emerge como efeito da linguagem, guarda as marcas do indivíduo quando relega o corpo ao indizível. A opacidade que o conceito de sujeito desloca em relação ao indivíduo se repete na opacidade do corpo deixado como resto pelo sujeito atravessado pela linguagem. É por isso, caro leitor, que para pensarmos a psicanálise em sua dimensão coletiva é imprescindível que o começo seja pela corporeidade.

O convite agora é um pouco mais ousado. Se desejamos rejuvenescer, é preciso romper com aquilo que se pretendeu inoxidável e imune ao tempo. Estamos falando da ideia de que o psicanalista ou a psicanalista só pode se realizar na figura de um só analista – se o corpo é uma roda, a centralidade da corporeidade aponta para o corpo coletivo.

5

DA CLÍNICA PÚBLICA AO ANALISTA COLETIVO

A história da psicanálise brasileira não pode ser lida, como disse o poeta pernambucano, no formato das ruas colonizadas, "pregadas à cruz das novas avenidas",[1] ela é um rio com muitos afluentes. É preciso não cair nas armadilhas de uma história única.[2] Parte do nosso esforço, caro leitor, é justamente assinalar a raiz colonial da narrativa única que muitas vezes assume a forma do discurso universal abstrato – e isso se aplica à própria história. Ora, se no Brasil importamos do colonizador uma versão de nossa própria história, no âmbito historiográfico da psicanálise o cenário não seria diferente.

Por isso, começamos dizendo que a experiência de uma clínica popular não estava presente apenas na Europa e especialmente no Leste Europeu. No território sul global, sobretudo em países como Brasil e Argentina, multiplicam-se experiências de psicanálise descentradas das paredes supostamente distanciadas do mundo dos consultórios privados – essa constatação é também um convite para que retornemos ao passado para construir o futuro. A importante atuação

1 Cardozo, 1996, p. 14.

2 Adichie, 2019.

de psicanalistas na Reforma Psiquiátrica brasileira e no Sistema Único de Saúde é um exemplo um pouco melhor documentado das diferentes formas de articulação entre a psicanálise e a saúde coletiva. Dada a vastidão de nosso território, recorrer apenas aos nomes mais conhecidos do Sul e Sudeste para exemplificar esse tipo de atuação seria obliterar o fato de que essa experiência espalha-se por todo Brasil. Diversas pessoas e instituições abriram caminho para que a psicanálise pudesse abdicar da centralidade dos consultórios e foram para as ruas fazer uma clínica psicanalítica de certa forma popular – não citar nomes aqui é uma escolha tanto para não cometermos injustiças quanto para deixar o campo aberto para que esses nomes se proliferem. Novamente, não temos a intenção de apresentar indicações que pudessem passar a falsa ideia de que estamos partindo de um marco zero. Entretanto, rejuvenescer é reconhecer no tempo presente aquilo que também é da ordem da ruptura. O que vamos sublinhar agora não é apenas uma psicanálise popular, mas formas de psicanálise coletiva ancoradas no território brasileiro que têm importantes implicações no deslocamento de uma prática colonialista – trata-se da experiência de uma psicanálise não identitária.

Quando nos referenciamos à psicanálise, muito mais do que uma teoria que tenta esgotar toda possibilidade de se construir a partir de um único caminho ou mesmo um conjunto heterogêneo de concepções metapsicológicas, estamos nos referindo a uma prática. Por isso, entendemos que as teorias psicanalíticas esbarram no destino das fundamentações teóricas, o que se aplica, aliás, à metapsicologia e à epistemologia de forma geral. Por mais que possamos escavar camadas para assentar uma teoria num terreno seguro, há sempre, como coloca o filósofo Wittgenstein, um momento no qual a pá entorta, que é justamente onde a prática funciona como forma de ser no mundo e que termina por servir de sustentação da própria teoria. Não é preciso conhecer a fundo a filosofia de Wittgenstein para entender que a diversidade de contextos nos quais a psicanálise é praticada torna inviável uma identidade que muitas vezes certas escolas fantasiam ter. Ainda seguindo Wittgenstein, talvez seja possível dizer que as diferentes perspectivas teórico-clínicas psicanalíticas deixem entrever uma experiência aparentada ou aquilo que o Wittgenstein chamava semelhança de família, mas não uma identidade propriamente dita. A tentativa de estabelecer uma identidade para a psicanálise seria mais uma construção teórica, que, longe de se colocar num lugar neutro epistemicamente e capaz de reconhecer o ponto comum entre todas as teorias, estaria assentada na prática por excelência colonial de traçar identidades imunes ao exercício do tempo.

Assim, longe de partir de uma normativa teórica que proíbe, em sua gramática conceitual, uma atividade clínica realizada por coletivos, convidamos a pensar a prática desses coletivos – o que essa prática informa à própria teoria? Estamos, como comentamos no início de nossas cartas, de braços atados à psicanálise, mas sem a pretensão de lhe conferir uma identidade, não tanto porque ela se divide em troncos e ramos ou mesmo em paradigmas – é sobre o caráter aberto da própria experiência psicanalítica que repousa uma psicanálise sem identidade.

Continuamos caminhando juntos. Aproxime-se, mesmo que não seja para fazer parte, dos coletivos de psicanálise que mais recentemente têm atuado em espaços públicos no Brasil – mais uma vez, escolhemos não nomeá-los; o leitor não terá dificuldades para encontrá-los. A forma de atuação desses coletivos apresenta indicações para um deslocamento de construções teóricas e clínicas concebidas a partir da centralidade do atendimento individual em consultórios privados. Alguns desses coletivos operam uma desidentificação da psicanálise com aquilo que ainda hoje circula como uma cláusula pétrea, a unidade do analista na figura de um mesmo indivíduo. Acreditamos que a experiência da psicanálise no Brasil permite a construção não identitária da figura do analista cuja corporeidade se constitui com o território com o qual toda experiência analítica é conjugada. Assim, a pergunta que lançamos é: em que sentido a construção do analista coletivo tem implicações para a experiência analítica? Nesse ponto, a psicanálise em território brasileiro é uma aliada para que possamos rejuvenescer.

É, caro leitor, para caminhar com o dono das ruas e encruzilhadas é preciso rejuvenescer. Nesse ponto, é preciso lembrar que rejuvenescer não é reatualizar propostas, um museu de velhas novidades. A repactuação que propomos não é, como pode parecer, uma questão apenas do enquadre da experiência analítica. Ora, é com a psicanálise que podemos sustentar que a experiência analítica informada pela prática dos coletivos é capaz de nos fazer colocar em perspectiva nossa própria trama clínico-conceitual sustentada pela prática individual.

A ruptura que alguns coletivos propõem é com aquilo que é a base para o próprio capitalismo, a noção de indivíduo. Assim, não é o caráter de clínica popular que se faz sem a mediação do dinheiro que é a particularidade dos coletivos.

Sabemos que o próprio Freud admite a possibilidade de uma clínica que não seja mediada pelo dinheiro e o Sistema Único de Saúde no Brasil já atesta isso. Além disso, mesmo em atendimentos em consultórios particulares, há sempre casos em que o dinheiro não circula. O dinheiro fala talvez muito mais da ordem capitalista, na qual se encontra inserida a psicanálise, do que de uma prática clínica no que lhe constitui como clínica psicanalítica. A experiência de alguns desses coletivos é sobre a construção do analista-grupo que não seja, por um lado, redutível à soma das pessoas que fazem um atendimento público na praça, tampouco seja a expressão de um grupo que funciona como uma unidade, uma massa, no dizer de Freud. Nessa perspectiva, a nossa aposta é que podemos ampliar a psicanálise na mesma medida em que podemos romper com aquilo que é obstáculo para uma clínica, em cujo centro não haja mais a ideia de que o analista só pode ser um indivíduo, e, de preferência, o mesmo indivíduo.

Sabemos, meu caro leitor, que nessas horas as nossas defesas se erigem com a velocidade de quem se sente ameaçado. Mais do que uma ameaça, nossas cartas são um convite para o novo tempo do agora. E, como dissemos, é na clínica que a psicanálise se desenrola como uma prática de cuidado. Vamos partir de agora para onde essa clínica é feita numa forma coletiva.

E nessa roda chegamos ao Recife, mais especificamente à praça do Derby, próxima ao centro da cidade. Se a nossa cabeça pensa, como dizem certas perspectivas indígenas, onde os pés pisam, a gente parte desse território para compartilhar a experiência do que estamos chamando de uma psicanálise coletiva e não identitária. Chegou a hora, como pronunciamos, de sermos muitos e muitas.

Recife, uma cidade que é mais rio do que mar: por isso, Pontes. Em várias de suas praças é possível encontrar versos em lápides e a poesia acompanha o seu rio principal: Capibaribe. Na praça do Derby, com as suas estátuas greco-romanas, temos a noção de que se trata de um espaço onde o sol do Nordeste se abre em cores, contrariando o branco das estátuas e de quem as esculpiu. A cidade brasileira, por mais que muitas vezes tente, para usar a expressão do poeta recifense Manuel Bandeira, macaquear a arquitetura europeia, é feita também de territórios com um funcionamento comunitário e na medida do possível horizontal. A praça do Derby é o Brasil na sua contradição e é também encruzilhada no que ela tem de passagem para tantas pessoas que são cidade, porque trafegam em disparada para seus empregos, estudos e encontros. É num lugar pelo qual várias pessoas seguem destino para outras cidades que o coletivo Pontes da Psicanálise resolveu ser com a praça um só território.

Os atendimentos na praça pública acontecem aos sábados das dez horas ao meio-dia. Os analistas atendem na forma de um rodízio sem que haja uma determinação de que um mesmo analista acompanhe as mesmas pessoas. Ainda que haja uma continuidade nos atendimentos, ela não é garantida pela identidade do analista. Isto é, os atendimentos são realizados por ordem de chegada e seguindo a lista dos psicanalistas do coletivo que variam parcialmente a cada sábado. Esses analistas, embora guardem um traço de classe média comum, são também diversos em suas corporeidades. Nesse sentido, a experiência e o território do qual falamos são de corpos negros, brancos, gays, trans e não binários. Corpos que não são um recolhimento de retalhos desconexos na forma de singularidades dissonantes, mas diferentes corporeidades que tentam confluir para a formação de um analista coletivo.

Aqui faz sentido recorrer de modo explícito ao conceito de confluência de Nego Bispo: "Quando a gente confluencia, a gente não deixa de ser a gente, a gente passa a ser a gente e outra gente – a gente rende. A confluência é uma força que rende, que aumenta, que amplia".[3] O corpo que vai se tornando o corpo de um analista na praça do Derby não é um indivíduo, especialmente no que o indivíduo tem de uma delimitação espacial em torno de si, mas se trata de uma experiência do que não se isola em torno de si, mas se amplia menos como soma e mais como abertura de possibilidades. A experiência que essas singularidades vivenciam nos atendimentos deve ser entendida como um organismo cuja identidade não está resignada a alguma de suas partes, nem mesmo se aplica a uma soma delas. É a experiência da corporeidade extensiva que importa, como anunciamos na carta anterior.

Nesse sentido, é possível falar de um corpo de um analista que não é identificável, nos termos de uma identidade colonial que se inscreve numa única pessoa responsável pelo acompanhamento de um caso com gênero, raça e classe bem definidas. Isto é, na praça do Derby, o analista não é uma individualidade específica que poderia acompanhar a mesma pessoa todos os sábados. O caso clínico se constrói entre pessoas que se revezam para atender tantas outras que têm a marca da cidade no que a cidade é igualmente

3 Bispo, 2023, p. 4.

diversa nos seus territórios e ao mesmo tempo comum, como praças, ruas e avenidas.

Essa variação de pessoas que atendem na praça do Derby é mediada por uma experiência coletiva de discussão de cada caso, que é chamada de "escuta de gira", e que ocorre às terças-feiras. Isto é, há um espaço de discussão coletiva onde cada atendimento é repassado para que se formem no relato dele as condições de um analista-grupo que é construído e ao mesmo tempo constrói um caso clínico. Portanto, tanto o analista quanto o caso clínico são uma construção coletiva. Não há a noção de propriedade sobre um caso, porque é na escuta de gira que os diferentes corpos se entrelaçam, compondo uma continuidade de um relato. Trata-se de uma conversa que faz emergir o inconsciente do analista-grupo no giro das palavras e relatos – o discurso manifesto de cada analista se afasta de uma palavra final sobre um caso que poderia funcionar de modo análogo a uma espécie de diagnóstico, mas abre espaço para a composição de uma melodia com diferentes vozes – o que poderia ser pensado como um discurso é tomado como uma escuta que dança. Não há uma direção prévia ou um roteiro, mas um envolvimento das pessoas para apresentarem perspectivas sobre o caso que muitas vezes se renova a cada escuta de gira.

Caro leitor, antes que o senso de comunidade calcado numa ótica burguesa e individualista, já tão criticada ao longo da história da psicanálise,[4] leve-o a pensar que estamos falando de um somatório de indivíduos, quando estamos falando de coletivos, convidamos à imersão numa experiência muito mais próxima de uma experiência comunitária. Não se trata, nessa direção, de um coletivo que funciona como a noção de uma junta médica, em que diferentes profissionais se reúnem para propor alternativas. Estamos conversando sobre outras experiências. Não é uma questão de ser mais eficiente, como pode ser uma junta médica para cuidar de um caso específico e de ordem estritamente fisiológico na forma de uma espécie de disfunção física. Estamos aqui às voltas com algo orgânico. Um corpo que se organiza como vários, e não são saberes de diferentes indivíduos que se completam ou que procuram um único caminho. É um corpo que se mantém na sua heterogeneidade e multiplicidade.

Assim, aquilo que tradicionalmente estamos acostumados a realizar em grupo e a que damos o nome de supervisão, multivisão ou intervisão não serve tampouco de horizonte para o que o Coletivo Pontes da Psicanálise apresenta como

4 Gabarron-Garcia, 2023, p. 78.

caminho para a formação do analista coletivo. Os casos são construídos numa contraposição ao que é linear ou ao que tem como propósito uma espécie de melhor solução ou arranjo. Trata-se de uma escuta que faz todas as pessoas que participam dos atendimentos girarem as suas perspectivas com a escuta e os comentários de cada pessoa que compõe o coletivo.

E eis o que a escuta de gira propõe. É possível ampliar o desconforto, compreensível diante da profusão de vozes e de sugestões de caminhos para a construção de um caso, na mesma medida em que é cultivado o terreno comum, o qual não se trata propriamente de ser mais confortável, mas de ser suficientemente acolhedor; aqui nos ocorrem as pontuações de Winnicott. Esse terreno funciona como uma espécie de *holding* coletiva sobre o qual as diferenças são mantidas como possibilidade e horizonte da clínica. Ou seja, as posições que nos atravessam como singularidade psicanalítica, numa experiência de uma comunidade, não têm a função de se imporem como se uma das individualidades pudesse portar a melhor interpretação. Não há a pretensão de se chegar a um tempo comum e linear; o tempo se refaz na gira. Trata-se mais de perspectivar diferentes singularidades que atuam sem o fito de ser uma unidade, mas que se colocam como encruzilhadas. Assim, quando em comunidade, os casos são discutidos por todas as singularidades do coletivo. Estamos no registro do movimento da gira, em que as vozes ecoam para que cada uma delas cumpra a função de ser uma abertura, uma possibilidade de escuta.

Caro leitor, é sobre a nossa história, mas é também da ordem de um analista coletivo que desafia o projeto colonial em diferentes níveis. Estamos nos referindo a uma comunidade que produz coletivamente uma nova prática clínica cuja realização se desenlaça pelo corpo inidentificável, aquilo que é circunscrito enquanto identidade na lógica colonial. São vários territórios que experimentam a comunicação como extensão do corpo que somos na forma de um envolvimento coletivo. E é preciso sublinhar um aspecto central: o corpo do analista coletivo é também o território praça do Derby. O analista coletivo, que se forma na experiência da clínica pública tal como estamos discutindo aqui, não é mesmo sequer apenas as pessoas que atendem na praça, mas é também a própria praça, com a qual se forma o analista como uma experiência singular de território.

É nesse sentido que o analista coletivo vai se formando também na experiência com a rua. João do Rio, cronista e inconteste amante das ruas, nos lembra de que, mais do que espaços entre casas, "a rua é um fator da vida das cidades, a rua tem alma". Ora, é justamente a alma naquilo que é corpo o objeto da psicanálise. O corpo do analista coletivo é também um território em construção que é composto pela própria praça como também pelo envolvimento dos corpos que compõem o coletivo. Enquanto a psicanálise não entender que o corpo é uma rua, daquelas sobre as quais trafegam os textos de João do Rio, ela está destinada a escutar apenas pessoas que não frequentam as ruas por estarem refugiadas nos seus condomínios e nos centros comerciais dentro dos quais muitas vezes têm as suas sessões de psicanálise. A experiência psicanalítica desses coletivos revela algo que as paredes do consultório tentam esconder: que a prática psicanalítica está no mundo.

A rua, a praça e a cidade, para nós que escrevemos estas cartas, são organismos vivos com os quais o analista coletivo vai se formando – escrever e escutar com a rua é lembrar que sua alma encantadora é indissociável de um corpo coletivo. As nossas cartas confluem entre si.

A praça é um organismo refratário a uma taxionomia que o divida em partes. É nesse mesmo sentido que Muniz Sodré entende que as esquinas e praças

> constituem interseções, suportes relacionais que concorrem para a singularização do território e de suas forças. Na praça, lugar de encontro e comunicação entre indivíduos, torna-se visível uma das dimensões do território, que é a flexibilidade de suas marcas.[5]

E o que torna a vida orgânica da praça ou da rua é justamente o seu aspecto de multiplicidade de caminhos – encruzilhadas – com os quais ela se faz território para a própria experiência da singularidade. E, nesse contexto, a praça pode ser entendida como esse lugar da confluência de ruas e das singularidades que por elas passam. Acreditamos que o que costura uma clínica de rua numa praça é uma confluência, nos dizeres de Nego Bispo, que se faz na forma de atendimentos singulares e diferentes, mas cujo manejo é realizado por um coletivo num território público. A psicanálise, por nós pensada, é um tornar-se corpo no que ele tem de território e documento, assim como expressão de uma singularidade.

Ora, se a experiência de uma psicanálise coletiva, chamada por nós de não identitária, acaba por revelar alguns aspectos que as paredes do consultório, por vezes, ajudam a esconder, essa experiência

5 Sodré, 1998.

também engendra deslocamentos para a própria discussão metapsicológica. É evidente que Freud deixou aberto o caminho para concebermos a transferência para além das relações que se encerram na figura de um analista e de um analisando – a discussão sobre transferências no âmbito grupal ou de uma perspectiva institucional não são novidade. Por outro lado, o argumento de que a transferência deve ser dirigida para a figura de um analista é utilizado com alguma frequência para desautorizar enquanto psicanálise os atendimentos feitos na praça – o deslocamento da figura do analista parece ser um ponto nodal para que possamos rejuvenescer. Esse pressuposto, como estamos tentando mostrar, talvez diga mais respeito à centralidade do indivíduo no Ocidente do que propriamente de uma impossibilidade de uma transferência coletiva. E o seu caráter de pressuposto reside no fato de que os textos da metapsicologia não se ocupam em demonstrar a compreensão de que o analista se diz como um mesmo e único indivíduo. A própria noção de transferência, nesse contexto, abarca um conjunto mais amplo de processos que se deslocam do centramento na figura do único analista e transitam entre o coletivo e o território.

Assim, muito embora a transferência comporte aspectos que não dizem respeito ao analista ou ao analisando, a experiência analítica não identitária nos desloca de uma perspectiva de um sujeito centrado em si mesmo. Por isso, a dimensão transferencial e contratransferencial (aqui o prefixo "contra" já deixa entrever a centralidade dada a uma única figura) tampouco pode ser pensada a partir da constituição de um terceiro sujeito, como o terceiro analítico proposto por Thomas Ogden. A dimensão transferencial no coletivo não é a síntese dos processos engendrados entre um analista e um analisando, muito menos o analista coletivo é o resultado de uma relação do coletivo com a pessoa escutada, como se o processo analítico se resumisse a essa equação, sem levar em consideração a presença do próprio território. O caráter comunitário do coletivo retira a pretensão de que o analista seja algo que não esteja no âmbito radical da imanência do território que também compõe o próprio processo clínico na formação e manejo do inconsciente. A transferência, nesse contexto, é uma experiência que articula diferentes corpos e o próprio território – as buzinas, as sirenes, o sol, a chuva, as pessoas que trabalham e transitam na praça, as estátuas coloniais, o forró que ecoa das caixas de som –, todos esses elementos compõem uma fronteira móvel e flutuante na qual se pode sonhar. Ou, para utilizar uma expressão do próprio Ogden, esses elementos engendram a possibilidade de "*rêverie*, onde nascem todo tipo de criatividade e o brincar; é onde germinam a engenhosidade e o charme antes de encontrarem o seu caminho (como que saídos de lugar algum) para as conversas".[6]

Na praça do Derby não há um espaço controlado, o laboratório do qual falamos, mas a cidade no que ela informa, como território aberto de uma clínica pública, as mais variadas e imprevisíveis situações. Por isso, não estamos falando de uma clínica feita na rua, mas com a rua. Diferentemente de um atendimento num ambiente que simula um laboratório, a praça compõe o analista coletivo com o seu território. Um inconsciente a céu aberto – e nossa referência não é uma metáfora da lei paterna.

O analista coletivo pode ser entendido e sentido como uma experiência de aquilombamento, na qual a identificação dos seus membros importa menos do que a própria experiência em comunidade. Aqui, não se trata da experiência dos indivíduos, mas daquilo que é da ordem do entre. Ou seja, trata-se do modo pelo qual a clínica feita com a praça se estabelece na relação entre as diferentes pessoas do coletivo sem se reduzir a nenhuma delas, nem mesmo à soma delas. O analista coletivo surge com a própria prática clínica.

---

6 Ogden, 2001, p. 7.

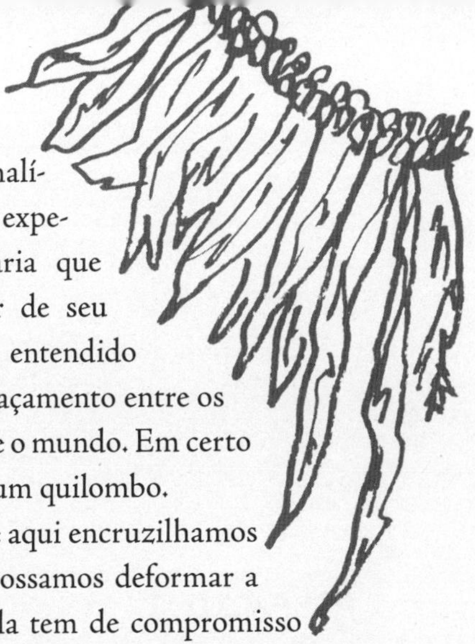

A experiência psicanalítica é, portanto, uma experiência não identitária que não pode prescindir de seu próprio território, entendido aqui como um entrelaçamento entre os corpos dos analistas e o mundo. Em certo sentido, o analista é um quilombo.

`Caro leitor`, se aqui encruzilhamos ideias foi para que possamos deformar a psicanálise no que ela tem de compromisso com a lógica individual e colonial. Com essa deformação, acreditamos que ela se mantenha como potência – rejuvenescer é um exercício e um convite. É, sobretudo, uma prática na qual tudo começa e nunca termina.

POSFÁCIO 1

Thainá Aroca,
do Coletivo Perifanálise São Mateus

De onde venho, não se tem muito tempo para habitar nas dúvidas. A gente precisa saber quem a gente é e de onde a gente vem, porque lá fora, da ponte para lá, atravessamos para sobreviver, sendo vistos como um ninguém, um nada, quase um indigente. Quando a regra é que você não exista, ou mais que isso, que você morra, afirmar quem se é e de onde vem não é e nunca foi, como dizem falsamente, meramente uma questão ideológica ou filosófica, mas sim uma necessidade concreta e real de existência. Foi assim que o saber psicanalítico e eu nos desencontramos. Na necessidade de existência atravessada – ou talvez fosse melhor dizer atropelada – por uma instituição, um saber, um poder, um jeito determinado de existir que segue perpetuado há séculos – quem existe tem voz, tem corpo, tem cor, tem jeitos, tem família, tem comunidade, tem cultura, tem sonhos. A nossa clínica se funda também pela necessidade de existência, dos que existem sem poder, dos que falam sem escuta. Apesar de o nosso trabalho ter suas várias camadas, ele vai muito além, vale dizer. Mas isso não aprendemos em instituição de psicanálise nenhuma. Partimos de alguns questionamentos fundamentais: historicamente, para quem a análise tem servido? Cazuza cantou: "eu vou pagar a conta do analista para nunca mais ter que saber quem eu sou". Seguirá esta a única função da análise, de servir exclusivamente como mais um produto para brancos de uma certa classe abastada se deitarem e não ter de se haver consigo? Do outro lado, na contramão, seguimos reinventando, cocriando a psicanálise e fazendo novos usos, como quem interroga: o que a psicanálise tem para nos oferecer? Vivas.

Alerta. Aqui se coloca o terrível desafio para o leitor psicanalista tradicional: o de ler estas palavras e enxergar muito mais que os estereótipos, o periférico, o negro etc., como quem resume: "ah, é a clínica periférica". Insisto: aqui se coloca o terrível desafio para o leitor tradicional branco, psicanalista, escritor e acadêmico, que é ler estas palavras e fazer algo a mais com elas, do que seu próximo artigo acadêmico, sua publicação na folha, uma roda no seu instituto, seu *mea culpa* e, mais uma vez, com seu medo branco se esconder, sem rosto, sem endereço, sem nome, algo que só privilégios poderão proporcionar de novo.

Estou honrada em me juntar ao nascimento destas palavras em psicanálise, que pode nos encaminhar para a morte de um velho tão presente e violento, e que, ao mesmo tempo, faz manter vivos os questionamentos em mim enquanto analista e os da nossa coletividade Perifanalítica. Na possibilidade de cada nova analista poder construir, reinventar um fazer clínico implicado, que não se reduz e não se resume, mas resgata saberes novos, ancestrais, que atravessa a ponte, e poder ir, e poder voltar, por onde mais quiser, mas que, sobretudo, abre caminhos.

Agradeço aos envolvidos e envolvidas que mantêm possíveis e vivas novas e outras travessias de Recife a Zona Leste de São Paulo, cidade São Mateus. Como dizemos por aqui: mete marcha e boa!

POSFÁCIO 2

Rosimeire Bussola,
Coletivo Perifanálise

Recebo com alegria o convite para a escrita do posfácio desta obra; mais alegre me encontro ao lê-la.

De entrada, o título me chama a atenção e reativa uma memória de já ter lido cartas endereçadas a mim, à época, uma jovem terapeuta, recém-saída da universidade e dando os primeiros passos na formação em psicanálise. Entre o livro de lá e esse daqui, vimos surgir no Brasil um movimento de psicanalistas para além dos consultórios e das instituições.

Vimos surgir psicanalistas periféricos que, ao apostarem em sua diversidade étnico-racial, de gênero e sexualidades, construíram outras formas de nomear a experiência analítica. Surgiram das margens maneiras autênticas de articular psicanálise e território, nas quais, muitas vezes, foi o território o orientador da clínica, e não a psicanálise.

Costumo escrever nos trânsitos. Nas ruas, nos trajetos dos caminhos que cruzo entre as periferias da zona leste de São Paulo. Escrever em trânsito é também um exercício de memória no encontro com a rua.

Clínicas nas margens, nas bordas, nos territórios periféricos, são essas que rompem paredes, destroem muros e se fazem fora. Ouso dizer que são antimanicoloniais, não fossem as tentativas de preservação de *standards*, de didatas e de instituições norteadoras.

Há, no Brasil, muitos psicanalistas que atuam nas ruas, aos quais chamamos de profissionais das políticas públicas. Mas me parece ter sido necessário dizer que o psicanalista isolado em consultório saiu, desceu dos altos andares e foi para as ruas, para que ele então pudesse se dar conta de que no seu entorno havia muito mais que pessoas brancas da classe média interessadas em psicanálise.

Caros escritores das páginas que antecedem este posfácio: me pergunto se nosso trabalho se trata de tornar as instituições de psicanálise mais negras ou indígenas enquanto corpos em formação através de cotas, ou se é também sobre ampliar referenciais teóricos e testemunhar na transmissão professores diversos em racialidades e gêneros com outras cosmovisões sobre o humano, a cultura e sua relação com a sexualidade.

Esse livro-convite aos jovens e velhos psicanalistas é, sobretudo, endereçado a um jovem-velho Brasil que, ao ser colonizado, foi violentado, miscigenado e transformado em uma colônia que até hoje carrega em símbolos e marcas os efeitos dessa história. Como se desfazer do trauma colonial recalcando fatos e apagando história?

Escrever cartas é também um exercício de memória; é um encontro entre passado e presente. Que, ao lançarmos ao mundo novas formas de articular clínica, façamos novos jeitos de analisar.

Em nosso caso,
perifanalisar.

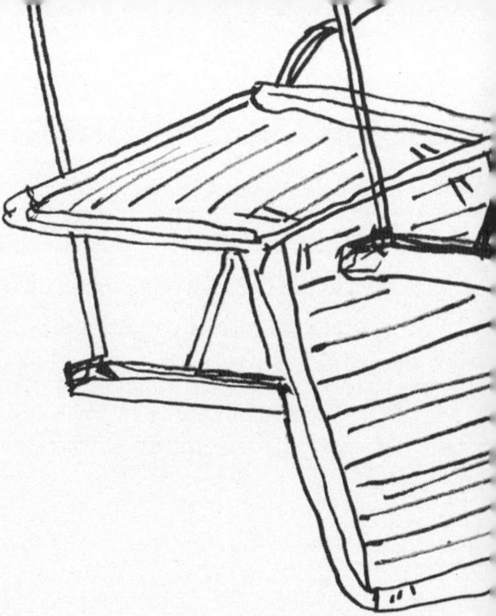

REFERÊNCIAS

ADICHIE, Chimamanda Ngozi. *O perigo de uma história única*. São Paulo: Companhia das Letras, 2019.

ANDRADE, Érico. "Não sou um psicanalista? Negritude e antinegritude na psicanálise", *Tempos Psicanalíticos*, v. 54, 2022, pp. 405-418.

______. "A opacidade do iluminismo: o racismo na filosofia moderna", *Kriterion:* Revista de Filosofia, Pernambuco, 2017.

______. *Negritude sem identidade*: sobre as narrativas singulares das pessoas negras. São Paulo: n-1, 2023.

AYOUCH, Thamy. *Psicanálise e hibridez*: gênero, colonialidade e subjetivações. Curitiba: Calligraphie, 2019.

BENTO, Cida. Branqueamento e Branquitude no Brasil. In: CRONE, Iray; BENTO, Maria Aparecida Silva. *Psicologia social do racismo*: estudos sobre branquitude e branqueamento no Brasil. 6. ed. Petrópolis, RJ: Vozes, 2014.

______. *O pacto da branquitude*. São Paulo: Companhia das Letras, 2022.

BHABHA, Homi K. *O local da cultura*, trad. Myriam Ávila, Eliana Lourenço de Lima Reis, Gláucia Renate Gonçalves. Belo Horizonte: Ed. da UFMG, 2013.

BISPO, Antônio. *A terra dá, a terra come*. São Paulo: Ubu, 2023.

BONILLA-SILVA, Eduardo. *Racismo sem racistas*: o racismo da cegueira de cor e a persistência da desigualdade na América. São Paulo: Perspectiva: 2020.

BULAMAH, Lucas; KUPERMANN, Daniel. "The proscription of male homosexuality in the history of the institutionalized psychoanalytic movement", *Ágora: Estudos em Teoria Psicanalítica*, v. 21, n. 3, pp. 301-311, set. 2018.

BUTLER, Judith. *Problemas de gênero. Feminismo e subversão da identidade*. Rio de Janeiro: Civilização Brasileira, 2003.

______. *Relatar a si mesmo*: crítica da violência ética. São Paulo: Autêntica, 2015.

______. *Relatar a si mesmo*: crítica da violência ética. São Paulo: Autêntica, 2023.

CASTRO, Rafael (2015). *A sublimação do id primitivo em ego civilizado: o projeto dos psiquiatras-psicanalistas para civilizar o país, 1926-1944*. Jundiaí, SP: Paco Editorial.

CANGUILHEM, Georges (1943). *O normal e o patológico* (5. ed. rev. e ampl.). Rio de Janeiro: Forense Universitária, 2000.

CARDOZO, Joaquim. *Poemas Selecionados*. Recife: Bargaço, 1996.

CARNEIRO, Sueli. *Dispositivo de racialidade*: a construção do outro como não ser como fundamento do ser. São Paulo: Zahar, 2023.

COSTA, Jurandir Freire. *Psicanálise e contexto cultural*: imaginário psicanalítico, grupos e psicoterapias. Série Saúde, Cultura e Sociedade. Rio de Janeiro: Campus, 1989.

______. *Além do princípio do pudor*. Coleção Inquietações. São Paulo: Zagodoni, 2023.

CRENSHAW, Kimberlé. "Documento para o encontro de especialistas em aspectos da discriminação racial relativos ao gênero", *Revista Estudos Feministas*, Florianópolis, v. 10, n. 1, jan./jul. 2002, pp. 171-188

FANON, Frantz. *Pele negra, máscaras brancas*. São Paulo: Ubu, 2020.

FLOR, Wanderson. *Entre apostas e heranças*: contornos africanos e afro-brasileiros na educação e no ensino de filosofia no Brasil. 1. ed. Rio de Janeiro: NEFI Edições, 2020.

FLORENCIO, Giovani; KLEIN, Thais. Corpo-território de axé: nas encruzilhadas entre o candomblé e a psicologia, *Humanidades & Inovação*, v. 10, 2024, p. 307.

FOUCAULT, Michel. *Vigiar e punir*: nascimento da prisão, trad. Raquel Ramalhete. 35. ed. Petrópolis, RJ: Vozes, 2008.

FREIRE, Jurandir. "Da cor ao corpo: a violência do racismo". Prefácio in: SOUZA, Neusa S. *Tornar-se negro, ou as vicissitudes da identidade do negro brasileiro em ascensão social*. Rio de Janeiro: Zahar, 2021.

FREUD, Sigmund. (1913) "Totem e Tabu" in: *Edição standard brasileira das obras completas de Sigmund Freud*. Rio de Janeiro: Imago, 2006, v. XIII.

________. (1915) "Luto e Melancolia" in: *Obras completas*, trad. Paulo César de Souza. São Paulo: Companhia das Letras, 2010.

________. (1930). O mal-estar na civilização e outros textos in: *Freud [1930-1936]. Obras completas*, v. 18. São Paulo: Companhia das Letras, 2010.

________. *Obras completas*, volume 19: Moisés e o monoteísmo, Compêndio de psicanálise e outros textos (1937-1939), trad. Paulo César de Souza. São Paulo: Companhia das Letras, 2018.

GABARRON-GARCIA, Florent. *Uma história da psicanálise popular*. São Paulo: Ubu, 2023.

GONZALEZ, Lélia. *Por um feminismo afro-latino-americano*. São Paulo: Zahar, 2020.

GUIMARÃES, Antonio Sérgio A. *Racismo e antirracismo no Brasil*. São Paulo: Editora 34, 1999.

KILOMBA, Grada. *Descolonizando o conhecimento*: uma palestra-performance de Grada Kilomba, trad. Jessica Oliveira. 2016. https://www.academia.edu/23391789/Tradu%C3%A7%C3%A3o_para_o_Portugu%C3%AAs_de_DESCOLONIZANDO_O_CONHECIMENTO_Uma_Palestra_Performance_de_Grada_Kilomba.

JESUS, Alexandro Silva de. *Mau encontro, tradução e dívida colonial*. Recife: Titivillus, 2019.

KLEIN, Thais. "Exu e a psicanálise: da culpa à ilusão", *Tempo psicanal.*, Rio de Janeiro, v. 54, n. 2, pp. 514-534, dez. 2022. Disponível em: <http://pepsic.bvsalud.org/scielo.php> Acesso em: 7 mar. 2025

______. *A experiência nos limites*: corporeidade, tempo e sentido na psicanálise contemporânea. Rio de Janeiro: Zagodoni, 2023.

______. Repensando natureza e cultura? A psicanálise nos abismos do mundo, *Revista Científica Multidisciplinar Núcleo do Conhecimento*, v.6, 2024, p. 13.

______; FERREIRA, Fernanda Pacheco; VERZTMAN, Julio Sergio. "O animista é sempre o outro: o encantamento dos objetos e a experiência analítica", *Ágora* (PPGTP/UFRJ), v. 26, 2023, p. 28.

KOPENAWA, Davi; ALBERT, Bruce. *A queda do céu: palavras de um xamã Yanomami*, trad. Beatriz Perrone-Moisés. São Paulo: Companhia das Letras, 2015.

KUPERMANN, Daniel. *Transferências cruzadas*: uma história da psicanálise e suas instituições. Rio de Janeiro: Zagodoni Editora, 2020.

LAQUEUR, T. *Inventando o sexo*: corpo e gênero dos gregos a Freud. Rio de Janeiro: Relume-Dumará, 2001.

LEAL, Eduardo. *O que aprender com as transidentidades:* psicanálise, gênero e política. Rio Grande do Sul: Criação Humana, 2023.

LÉVI-STRAUSS, Claude. "Raça e história" in: LÉVI-STRAUSS, Claude. *Antropologia estrutural dois*. Rio de Janeiro: Tempo Brasileiro, 1993c, pp. 328-366. (Edição original 1952).

______. *Tristes trópicos*. São Paulo: Anhembi, 1957. (Edição original 1955.)

LUGONES, María. Colonialidad y Género. *Tabula Rasa*, Bogotá, Colombia, n. 9, p.73-101, 2008.

______. (2016). "The Coloniality of Gender". In: Harcourt, W. (orgs.) *The Palgrave Handbook of Gender and Development*. Londres: Palgrave Macmillan, 2016. https://doi.org/10.1007/978-1-137-38273-3_2.

______. "Rumo a um feminismo descolonial", *Revista Estudos Feministas*. Florianópolis, SC, v. 22, n. 3, 2014, pp. 935-952.

MARTINS, Leda. *Performance em tempo espiralar*: poética do corpo tela. Rio de Janeiro: Cobogó, 2023.

MBEMBE, Achille. *Crítica da razão negra*. São Paulo: n-1 Edições, 2019.

MCCLINTOCK, Anne. *Couro Imperial*: raça, gênero e sexualidade no embate colonial. Campinas: Unicamp, 2010.

MERLEAU-PONTY, Maurice. (1959). *O filósofo e sua sombra*. São Paulo: Abril Cultural, 1980. (Coleção Os Pensadores)

______. *Fenomenologia da percepção*, trad. Carlos Alberto Ribeiro de Moura. São Paulo: Martins Fontes, 1999.

MILLS, Charles Wade. *O contrato racial*. Rio de Janeiro: Zahar, 2023.

NASCIMENTO, Beatriz. *Uma história feita por mãos negras*. Rio de Janeiro: Zahar, 2021.

______. (2022) *O negro visto por ele mesmo*: ensaios, entrevistas e prosa. São Paulo: Zahar, 2022.

NOGUEIRA, Isildinha Baptista. *A cor do inconsciente*: significações do corpo negro. São Paulo: Perspectiva, 2021.

OGDEN, Thomas. *Conversations at the frontier of dreaming*. Northvale: Jason Aronson, 2001.

OYĚWÙMÍ, Oyèrónkẹ́. *The Invention of Women*: Making an African Sense of Western Gende Discourses. Londres: University of Minnesota Press, 1997.

______. "Visualizando o corpo. Teorias ocidentais e sujeitos africanos", *Novos Olhares Sociais*, v. 1, n. 2, 2018.

PAVÓN-CUÉLLER, David. *Além da psicologia indígena*: concepções mesoamericanas da subjetividade, trad. Anna Turriani. São Paulo: Perspectiva, 2022.

PRECIADO, Paul B. *Eu sou o monstro que vos fala*: relatório para uma academia de psicanalistas, trad. Carla Rodrigues. Rio de Janeiro: Editora Zahar, 2022.

RIBEIRO, Djamila. *Lugar de fala*. São Paulo: Jandaíra, 2020.

SANTOS, Gislene. *A invenção do "ser negro"*. São Paulo: Educ, 2025

SCHUCMAN, Lia V. *Entre o encardido, o branco e o branquiíssimo*: branquitude, hierarquia e poder na cidade de São Paulo. São Paulo: Veneta, 2020.

SIMAS, Luiz Antonio. *Umbandas*: uma história do Brasil. Rio da Janeiro: Civilização Brasileira, 2021.

SINISCALCHI, Bruno; DIAS, Luciano; HELSINGER, Natasha. *É de raça que estamos falando*: tornar-se herdeiro na psicanálise. Rio de Janeiro: 7Letras, 2024.

SODRÉ, Muniz. *Samba, o dono do corpo*. Rio de Janeiro: Mauad, 1998

SOUZA, Neusa S. *Tornar-se negro, ou as vicissitudes da identidade do negro brasileiro em ascensão social*. Rio de Janeiro: Zahar, 2021.

VIVEIROS DE CASTRO, Eduardo. "Xamanismo transversa: Lévi-Strauss e a cosmopolítica amazônica", in: LÉVI-STRAUSS, Claude. *Leituras brasileiras* Belo Horizonte: Editora UFMG, 2013.

_______. *Metafísicas canibais*: elementos para uma antropologia pós-estrutural. São Paulo: Cosac & Naify, 2015a.

_______. Who's afraid of the ontological wolf: some comments on an ongoing anthropological debate (2015b). *Cambridge Anthropology*, v. 33, n. 1, 2015, pp. 2-17.

_______. "O mármore e a murta: sobre a inconstância da alma selvagem", in: *A inconstância da alma selvagem*. São Paulo: Ubu, 2020.

WINNICOTT, Donald. *O brincar e a realidade*. São Paulo: Ubu, 2019.

Dados Internacionais de Catalogação na Publicação (CIP)
de acordo com ISBD

A554c Andrade, Érico

Cartas a um velho terapeuta: a experiência de uma psicanalise não identitária / Érico Andrade, Thais Klein. - São Paulo : n-1 edições, 2025.

176 p. ; 11cm x 18cm.

ISBN: 978-65-6119-052-7

1. Psicologia. I. Klein, Thais. II. Título.

2025-3459 CDD-150
CDU-159.9

Índices para catálogo sistemático:
1. Psicologia 150
2. Psicologia 159.9

Elaborado por Odilio Hilario Moreira Junior - CRB-8/9949

n-1

O livro como imagem do mundo é de toda maneira uma ideia insípida. Na verdade não basta dizer Viva o múltiplo, grito de resto difícil de emitir. Nenhuma habilidade tipográfica, lexical ou mesmo sintática será suficiente para fazê-lo ouvir.
É preciso fazer o múltiplo, não acrescentando sempre uma dimensão superior, mas, ao contrário, da maneira mais simples, com força de sobriedade, no nível das dimensões de que se dispõe, sempre n-1 (é somente assim que o uno faz parte do múltiplo, estando sempre subtraído dele). Subtrair o único da multiplicidade a ser constituída; escrever a n-1.

Gilles Deleuze e Félix Guatarri

n-1edicoes.org